contents

직무분석 V

24 농림어업 / 1

25 안전관리 / 111

직무분석 V

24 농림어업

NCS양식을 활용한
(식물보호)직종 직무분석
(Plant protection)

2012

식물보호 능력단위군

□ 식물보호 직무의 정의

식물보호는 식물보호에 관한 기술이론 및 지식을 가지고 식물 피해의 진단 및 방제 등의 기술업무를 수행할 수 있어야 하며, 구체적으로는 식물에 발생하는 생물적 (병, 해충, 잡초 등) 및 비생물적(기상, 영양불균형 등) 발생원인을 파악·분석하고, 이에 따라 적절한 방제방법을 선정하며, 식물의 생육에 적합하도록 환경을 개선하여 식물이 가장 잘 자랄 수 있는 최적의 조건을 만드는 일이다.

□ 식물보호 직무의 능력단위

능력단위군	코 드 명	능 력 단 위 명	페 이 지
식물보호		피해의 원인 파악(진단)	7
		방제	14

코드명 :

능력단위명 : 피해의 원인 파악(진단)

능력단위 정의 : 이 능력단위는 주변환경 파악, 재배 및 관리상태 파악, 피해증상 조사, 종합적 진단, 진단서 작성 등을 수행하는 능력이다.

능력단위요소	수 행 준 거
코드명a.1 주변환경(재배환경)파악하기	1.1 재배지(포장)의 사용이력을 파악할 수 있다. 1.2 재배지 주변의 식물 및 잡초를 조사할 수 있다. 1.3 피해 식물의 피해증상을 관찰한 후 사진 촬영 및 기록을 통하여 특징과 특이사항을 기록할 수 있다. 1.4 재배지에서 감염된 개체수의 정도를 조사할 수 있다. 1.5 피해가 발생된 시기 및 지속기간을 조사할 수 있다. 1.6 기타 특이한 주변환경을 조사할 수 있다.
	【지식】 ○ 재배환경에 대한 일반지식 　　　　○ 식물에 대한 기본지식 　　　　○ 식물 및 주변환경에 대한 이해 【기술】 ○ 주변 특이상황의 기록 및 분석 【태도】 ○ 창의적인 사고 　　　　○ 문제해결 능력
코드명a.2 재배 및 관리상태 파악하기	2.1 식물 종 및 품종을 파악할 수 있다. 2.2 토양의 종류 및 특성을 조사할 수 있다. 2.3 관수 및 배수 상태를 조사할 수 있다. 2.4 시비방법을 조사할 수 있다. 2.5 살균제, 살충제, 제초제 등 약제처리 이력을 조사할 수 있다.

식물보호

Plant protection

능력단위요소	수 행 준 거
	【지식】 o 식물에 대한 기본지식 o 재배상태 및 관리에 관한 지식 o 재배관리에 관한 지식 【기술】 o 주변 특이상황의 기록 및 분석 【태도】 o 창의적인 사고 o 문제해결 능력
코드명a.3 피해증상 조사하기	3.1 재배 품종명 및 생육연령 등을 파악할 수 있다. 3.2 피해부위가 잎, 가지, 줄기, 꽃, 열매, 뿌리의 기관 중 어디에 주로 발생되는지 조사할 수 있다. 3.3 피해원인이 생물적(병, 해충, 잡초 등)인지 비생물적(기상, 영양불균형 등)인지를 판단할 수 있다. 3.4 피해를 받은 조직에 병징이나 표징과 같은 병해에 의한 증상이 나타나는지 조사할 수 있다. 3.5 피해를 받은 식물 또는 조직에 곤충의 알, 유충, 성충 또는 충영이 있거나 식물의 먹힌 자국 모양 등이 나타나 있는지 조사할 수 있다. 3.6 잡초의 경우 식물체를 직접적으로 가해하기 보다는 간접적으로 영향을 끼치므로 주위에 발생하는 잡초의 종류 및 밀도를 조사할 수 있다. 3.7 비생물적 피해의 종류를 파악하고 원인 및 피해정도를 조사할 수 있다. 【지식】 o 식물에 대한 일반지식 o 가해요인들에 대한 일반지식 o 병징 및 표징 o 해충의 종류 및 생태 o 해충의 가해양식 o 잡초의 동정

피해의 원인 파악 (진단)

능력단위요소	수 행 준 거
	【기술】 ○ 육안으로 피해양식을 관찰 ○ 주변 특이상황의 기록 및 분석 【태도】 ○ 창의적인 사고 ○ 문제해결 능력
코드명a.4 종합적 진단하기	4.1 가급적 뿌리 주변의 흙까지 포함하여 개체의 모든 부위를 온전하게 포장하여 실험실로 이동할 수 있다. 4.2 피해 단계별로 증상이 나타나 있는 개체들을 선정하여 포장할 수 있다. 4.3 크기가 큰 식물의 경우 뚜렷하게 피해를 받은 조직을 절단하여 포장할 수 있다. 4.4 포장시 건조하지 않도록 주의하며, 이동한 후 빠른 시간 안에 조사할 수 있다. 4.5 크기가 큰 해충을 제외하고 대부분의 병원이나 선충의 경우 해부하여 조직속의 이상 현상이나 병원체를 관찰하여 진단할 수 있다. 4.6 자외선을 쪼이거나 황산구리법과 같은 이화학적 진단법을 적용할 수 있다. 4.7 바이러스에 의한 병의 경우 혈청학적 진단이나 지표식물을 이용할 수 있다. 4.8 진단장비의 다양한 활용법을 사용하여 진단할 수 있다.
	【지식】 ○ 병해충의 동정 ○ 현미경 사용 ○ 지표식물 ○ 코흐의 원칙 ○ 염색반응에 관한 기본이해 ○ 병해충의 진단 작업

피해의 원인 파악 (진단)

식물보호

능력단위요소	수 행 준 거
	【기술】 ○ 진단에 필요한 각종 시약 제조 및 기자재의 사용 【태도】 ○ 창의적인 사고 ○ 문제해결 능력
코드명a.5 진단서 작성하기	5.1 진단 결과 피해의 원인을 생물적·비생물적으로 구분하여 제시할 수 있다. 5.2 해당 병해충에 의한 기본적인 설명과 피해가 가중될 수 있는 조건을 설명할 수 있다. 5.3. 재배 및 물리기계적 방법으로 병해충을 방제할 수 있는 방법을 제시할 수 있다. 5.4 화학적, 생물학적 방제 방법으로 적합한 약제 추천 및 주의사항을 제시할 수 있다. 5.5 비생물적 피해에 대하여는 개선방법을 제시할 수 있다.
	【지식】 ○ 병해충의 기본지식 ○ 저항성 품종 ○ 농약사용지침서 ○ 재배적 방제 ○ 화학적 방제 ○ 병해충의 증식 및 생태 【기술】 ○ 식물의 상태 및 병해충의 종류에 따라 적절한 약제 선택 【태도】 ○ 창의적인 사고 ○ 문제해결 능력

Plant protection

피해의 원인 파악 (진단)

◆ 작업상황

고려사항

- 재배지 주변의 식물 및 잡초, 재배지에서 감염된 개체수 정도, 피해가 발생된 시기 및 지속기간 등을 조사하여 주변조건 및 재배환경을 파악하여야 한다.
- 식물 종 및 품종, 토양의 종류 및 특성, 관수 및 배수 상태 등 재배 및 관리 상태를 조사하여야 한다.
- 피해를 받은 개체를 관찰하여 피해증상을 조사하여야 한다.
- 육안으로 관찰되는 피해형태에 의하여 가해대상을 판단하기 어려울 경우 실험실에서 이화학적, 생물학적 진단 등을 종합적으로 진단하여야 한다.
- 피해의 원인을 진단한 결과를 작성하며, 방제방법을 제시하여야 한다.

자료 및 관련서류

- 식물병리
- 농림해충
- 재배학원론
- 농약
- 잡초방제
- 농약사용지침서
- 국내외의인터넷사이트나, 잡지자료

장비 및 도구(재료 포함)

- 확대경
- 사진기
- 기록도구
- 해부현미경
- 광학현미경
- 진단 시약
- 막자사발 및 막자
- 피펫 및 피펫팁
- 깔데기
- 팔콘튜브
- 페트리디쉬

식물보호

- 슬라이드글라스
- 메스
- 핀셋
- GC 또는 GLC
- 배지
- growth chamber
- 격리 온실
- 식물병해충도감
- 진단서

◆ 평 가 지 침

평가방법

- 평가자는 이 능력단위의 수행준거에 제시되어 있는 내용을 평가하기 위해 이론과 실기를 나누어 평가하거나 종합적인 결과물의 평가 등 다양한 평가 방법을 사용할 수 있다.
- 피 평가자의 과정평가로는 다음의 평가 방법을 권장한다.
  - 일상적인 면담
  - <u>관찰기록모음</u>
  - 학습 일지
  - 자기평가(구두 혹은 글)
  - <u>보고서</u>
  - 행동점검표
- 피 평가자의 결과물 평가로는 다음의 평가 방법을 권장한다.
  - 과제진술과 채점기준이 있는 프로젝트, 포트폴리오.
  - <u>교육생의 시범/연구, 조사결과물</u>
  - <u>태도 점검표, 질문지</u>
  - 선다형시험 등

평가시 고려사항

- 평가자는 피 평가자가 수행준거 및 평가내용에 제시되어 있는 내용을 성공적으로 수행할 수 있는지를 평가해야 한다.
- 평가자는 다음사항을 평가해야 한다.

식물보호

Plant protection

- 식물에 대한 기본지식
- 재배환경에 대한 일반지식
- 재배관리에 관한 지식
- 해충의 종류 및 생태
- 잡초의 동정
- 염색반응에 관한 기본이해
- 병해충의 동정
- 병해충의 진단 작업
- 현미경 사용
- 농약사용지침서
- 화학적 방제

피해의 원인 파악 (진단)

식물보호

코드명 :

능력단위명 : 방제

능력단위 정의 : 이 능력단위는 재배적 방제법, 물리적·기계적 방제법, 화학적 방제법, 생물적 방제법, 환경위생 및 종합적 방제, 잡초방제, 기상재해 방제, 영양불균형 방제 등을 수행하는 능력이다.

능력단위요소	수 행 준 거
코드명b.1 재배적 방제법 적용하기	1.1 주로 가해하는 병해충의 생태를 고려하여 작물재배 시기를 결정할 수 있다. 1.2 단작과 같은 동일한 작물의 연속재배를 가급적 피하고 윤작 및 답전윤환을 실시할 수 있다. 1.3 질소질 비료의 시비를 적합하게 줄이고 합리적으로 시비할 수 있다. 1.4 관수 및 배수를 적합하게 하고, 특히 두상관수 및 과다한 관수는 특정 병의 전염을 촉진하므로 가급적 물이 식물체에 직접 닿지 않는 점적관수 등을 활용할 수 있다. 1.5 저항성 품종을 적극 활용할 수 있다. 1.6 주위에 기주가 될 수 있는 식물을 적극적으로 제거할 수 있다.
	【지식】 ○ 병해충의 기본지식 ○ 저항성 품종 ○ 관수방법 ○ 재배기술 ○ 시비 ○ 기주식물 ○ 병의 발생과 환경요인 ○ 곤충의 생활사 및 증식 ○ 병원성과 저항성 【기술】 ○ 재배적 방제 기술 【태도】 ○ 창의적인 사고 ○ 문제해결 능력

능력단위요소	수 행 준 거
코드명b.2 물리적·기계적 방제법 적용하기	2.1 인위적인 열 또는 태양열에 의한 토양소독을 실시할 수 있다. 2.2 유아등 및 유살법 등을 이용하여 해충을 유살할 수 있다. 2.3 방사선을 이용하여 해충을 유살할 수 있다. 【지식】 ○ 병해충의 기본지식 ○ 물리적 방제 ○ 소독 ○ 기계적 방제 ○ 해충 유살 ○ 병의 발생과 환경요인 ○ 곤충의 생활사 및 증식 【기술】 ○ 기계적·물리적 방제를 위한 기자재의 사용 【태도】 ○ 창의적인 사고 ○ 문제해결 능력
코드명b.3 화학적 방제법 적용하기	3.1 사용목적, 사용형태, 화학적 조성에 따라 농약을 구분할 수 있다. 3.2 농약의 종류, 병해 및 해충의 종류에 따라 농도를 달리하거나 전착제와 같은 첨가제의 사용 여부를 활용할 수 있다. 3.3 병해충의 종류에 따라 가장 유효한 농약을 선택할 수 있다. 3.4 살포량 및 살포회수, 살포시기를 계획할 수 있다. 3.5 배액 조제법 등을 적용하여 살포제를 희석할 수 있다. 3.6 기상상태 및 농약의 혼용여부 등 농약 사용상의 주의점을 숙지할 수 있다. 3.7 농약살포시 중독사고를 예방하기위하여 사전에 보호장비 및 주위환경을 고려할 수 있다.

식물보호

능력단위요소	수행준거	
	【지식】	o 농약의 성질
		o 식물의 생육단계
		o 농약의 살포시기
		o 농약 살포기구
		o 병해충의 종류
		o 농약사용지침서
		o 중독
		o 농약의 작용기구
		o 농약에 대한 병해충의 저항성
		o 농약의 사용방법
		o 중독 증상 및 예방 대책
	【기술】	o 농약을 안전하고 효과적으로 살포
	【태도】	o 창의적인 사고
		o 문제해결 능력
코드명a.4 생물적 방제법 적용하기	4.1 병원균이나 해충에 기생하는 병원성 미생물이나 포성식 곤충 또는 동물을 활용할 수 있다. 4.2 식물병의 방제에 주로 사용되는 미생물 자재를 주로 사용하여 방제할 수 있다.	
	【지식】	o 병해충의 기본지식
		o 저항성 품종
		o 기주식물
		o 재배적 방제
		o 천적
		o 병의 발생과 환경요인
		o 곤충의 생활사 및 증식
		o 병원성과 저항성
	【기술】	o 재배적 방제 기술
	【태도】	o 창의적인 사고
		o 문제해결 능력
	5.1 병해충이 발생한 포장에서 작물이 생육하는 도중이나 수확 직후에 피해를 입은 개체, 기관 및 조직을 제거할 수 있다.	

능력단위요소	수 행 준 거
코드명b.5 환경위생 및 종합적 방제하기	5.2 전염원을 포장에서 제거하여 다음해 병 발생을 줄일 수 있다. 5.3 매개곤충이나 중간기주를 제거할 수 있다. 5.4 한 가지 방제방법에 의존해서는 결정적인 효과를 거두기가 어려우므로 여러 방제법을 종합하여 실시하되 방제 목표를 설정하고 경제적이고 능률적인 방법을 조합하여 실시할 수 있다.
	【지식】 ○ 병해충의 기본지식 ○ 환경위생 ○ 재배적 방제 ○ 종합방제 ○ 병의 발생과 환경요인 ○ 곤충의 생활사 및 증식 【기술】 ○ 종합적 방제 기술 【태도】 ○ 창의적인 사고 ○ 문제해결 능력
코드명b.6 잡초 방제하기	6.1 경운, 정지 등에 의한 방법 및 경종 양식의 변경에 의한 재배적 방제방법을 적용할 수 있다. 6.2 배토, 경운, 로타리 절삭 등의 방법으로 물리적으로 잡초를 제거할 수 있다. 6.3 기생성, 식해성, 병원성 생물을 이용하여 잡초의 밀도를 조절할 수 있다. 6.4 제초제를 이용하여 화학적 방제를 실시할 수 있다. 6.5 제거할 잡초의 종류, 재배 작물의 생육 상태, 환경 조건에 따라서 제초제의 선택 및 살포시기, 살포량을 결정하여 방제할 수 있다.
	【지식】 ○ 잡초의 기본지식

식물보호

능력단위요소	수 행 준 거
	○ 잡초의 생리생태 ○ 재배적 방제 ○ 생물적 방제 ○ 잡초의 분류 ○ 잡초와 작물의 경합 ○ 물리적 방제 ○ 화학적 방제 ○ 제초제의 작용기작 ○ 제초제의 선택성 및 저항성 ○ 잡초종합관리(IWM) 【기술】 ○ 제초제의 선택 및 안전사용기술 【태도】 ○ 창의적인 사고 ○ 문제해결 능력
코드명 b.7 기상재해 피해 개선하기	7.1 농지의 기후(온도, 습도, 풍향, 광량)를 주기적으로 조사할 수 있다. 7.2 서리해, 우박해, 냉해, 동해, 한해는 온도에 의한 장해로서 피해가 반복되는 지역은 저온에 민감한 작물의 재배를 지양하고 저항성 품종을 육성하여 재배할 수 있다. 7.3 피해가 우려되는 시기에는 온도에 민감한 어린 싹 및 과실 등에 봉투 등을 씌워 피해를 줄일 수 있다. 7.4 질소 비료의 과용을 피하고 인산이나 칼륨 비료를 주는 등 재배적 관리방법을 적용할 수 있다. 7.5 우리나라의 경우 풍해 및 수해가 독립적으로 발생되기 보다는 함께 일어나는 경우가 일반적이므로 방풍림을 조성, 내풍성 품종 재배, 지주를 세워 도복을 방지하며, 풍수해를 받은 식물체는 깨끗한 물로 씻은 후 약제를 살포하여 2차 피해를 방지할 수 있다. 【지식】 ○ 농업기상 ○ 환경위생

능력단위요소	수 행 준 거
	○ 기상재해대책 ○ 종합방제 ○ 환경장해와 식물보호 【기술】 ○ 기상재해로부터 재배적·화학적 방제법을 통한 식물보호 【태도】 ○ 창의적인 사고 ○ 문제해결 능력
코드명b.8 영양불균형 개선하기	8.1 재배지의 토양을 샘플 채취할 수 있다. 8.2 토양의 pH 및 EC를 측정할 수 있다. 8.3 토양의 다량원소 및 미량원소 함량을 측정할 수 있다. 8.4 토양의 물리성을 분석할 수 있다. 8.5 부족한 양분은 비료로 공급할 수 있다. 8.6 토양으로부터 양분을 흡수하기 어려운 상태일 경우 엽면살포할 수 있다. 8.7 토양의 물리성이 불량할 경우 객토, 배수, 토양개량제 등을 통하여 개량할 수 있다.
	【지식】 ○ 토양환경 ○ 토양 물리성 ○ 토양 화학성 ○ 토양 개량 ○ 식물의 양분이용 및 토양환경 【기술】 ○ 시비작업 【태도】 ○ 창의적인 사고 ○ 문제해결 능력

식물보호

◆ 작업상황

고려사항

- 대상 식물의 재배적 특성을 고려하여 재배과정에서 작물의 재배적 방제법을 적용하여야 한다.
- 대상 식물의 재배적 특성 및 가해 병해충의 생태를 고려한 유살법, 방사선 등을 이용하여 해충을 방제하여야 한다.
- 대상 식물의 재배적 특성을 고려한 여러 가지 화학물질(살균제, 살충제, 살선충제, 제초제, 살서제 등)을 이용하여 병원균이나 해충 유해동물을 멸살시켜 피해를 방제하는 방법을 적용하여야 한다.
- 가해 대상 병해충의 생태적 특성을 고려하여 생물학적 방제방법을 적용하여야 한다.
- 재배 환경을 위생적으로 관리하며, 여러 방제법을 종합하여 실시하여야 한다.
- 재배적, 생물적, 화학적 방제방법을 이용하여 잡초를 방제하여야 한다.
- 기상적 재해(서리해, 우박해, 가뭄해, 풍수해, 냉해, 동해, 한해 등)에 의해 농작물 및 수목의 피해 형태를 알고 예방 및 방제하여야 한다.
- 재배지 또는 생육 토양의 양분상태를 분석하여 필요한 양분을 조절하여야 한다.

자료 및 관련서류

- 재배기술
- 농림해충
- 농약
- 잡초방제
- 국내외의인터넷사이트나, 잡지자료

장비 및 도구(재료 포함)

- 재배 작업 도구
- 고압멸균기
- 고압증기
- 투명비닐
- 인력용 분무기
- 동력용 분무기
- 살분기
- 미스트기

- 연무기
- 공중살포기(헬리콥터)
- 토양 주입기
- 전자저울
- 계량컵
- 약제희석을 위한 통
- 안전장비
- 재배적 방제법의 도구
- 기계적·물리적 방제법의 도구
- 화학적 방제법의 도구
- 생물적 방제법의 도구
- 배토기
- 경운기
- 로터리
- 제초제
- 분무기
- 온도계, 습도계
- 농시전시형 일사계
- 열선풍속계
- 약제살포를 위한 장비

◆ 평 가 지 침

평가방법

- 평가자는 이 능력단위의 수행준거에 제시되어 있는 내용을 평가하기 위해 이론과 실기를 나누어 평가하거나 종합적인 결과물의 평가 등 다양한 평가 방법을 사용할 수 있다.
- 피 평가자의 과정평가로는 다음의 평가 방법을 권장한다.
  - 일상적인 면담
  - <u>관찰기록모음</u>
  - 학습 일지
  - 자기평가(구두 혹은 글)
  - <u>보고서</u>
  - 행동점검표

식물보호

- 피 평가자의 결과물 평가로는 다음의 평가 방법을 권장한다.
  - 과제진술과 채점기준이 있는 프로젝트, 포트폴리오
  - <u>교육생의 시범/연구, 조사결과물</u>
  - <u>태도 점검표, 질문지</u>
  - 선다형시험 등

평가시 고려사항

- 평가자는 피 평가자가 수행준거 및 평가내용에 제시되어 있는 내용을 성공적으로 수행할 수 있는지를 평가해야 한다.
- 평가자는 다음사항을 평가해야 한다.
  - 병해충의 기본지식
  - 저항성 품종
  - 재배기술
  - 병의 발생과 환경요인
  - 기계적 방제
  - 곤충의 생활사 및 증식
  - 농약사용지침서
  - 식물의 생육단계
  - 중독 증상 및 예방 대책
  - 병원성과 저항성
  - 잡초의 기본지식
  - 잡초의 분류
  - 잡초의 생리생태
  - 제초제의 작용기작
  - 잡초종합관리(IWM)
  - 농업기상
  - 기상재해대책
  - 환경장해와 식물보호
  - 환경위생

〈부 록〉

■ 식물보호 직무구조도

책무 (Duty)	작업 (Task)			
A 피해의 원인 파악(진단)	A-1 주변환경(재배 환경)파악하기	A-2 재배 및 관리 상태 파악하기	A-3 피해증상 조사하기	A-4 종합적 진단하기
	A-5 진단서 작성하기			
B 방제	B-1 재배적 방제법 적용하기	B-2 물리적·기계적 방제법 적용하기	B-3 화학적 방제법 적용하기	B-4 생물적 방제법 적용하기
	B-5 환경위생 및 종합적 방제 하기	B-6 잡초 방제하기	B-7 기상재해 피해 개선하기	B-8 영향불균형 개선하기

NCS개발 서식을 활용한
(식육처리)직종 직무분석
(Meat and Meat Processing)

2012

식육처리 능력단위군

☐ 식육처리 직무의 정의

식육처리는 식육 원료의 전문지식을 바탕으로 식육처리에 관한 숙련 기능을 가지고 식육의 분할, 골발, 정형작업과 관련된 업무를 신속, 정확, 안전하고 위생적으로 처리하며 육제품의 제조, 유통, 판매에 이르는 일련의 과정에서 부가가치를 창출하는 일이다.

☐ 식육처리 직무의 능력단위

능력단위군	코드명	능력단위명	페이지
식육처리		원료육가공	29
		육제품가공	40
		판매·영업	50
		품질·경영관리	56

식육처리

코드명 :
능력 단위명 : 원료육가공
능력단위 정의 : 이 능력단위는 도축 전 가축취급, 도축작업, 등급판정, 식육의 사후 변화, 1차 분할, 2차 분할, 발골, 부위별 정형, 육분류, 식육의 부위별 특성, 부분육 냉장·냉동저장 등을 수행하는 능력이다.

능력단위요소	수 행 준 거
코드명a.1 도축전 가축취급하기	1.1 생축의 특성을 이해할 수 있다. 1.2 가축운반 과정을 이해할 수 있다. 1.3 동물학대 금지를 숙지할 수 있다. 1.4 절식, 급수, 안정 유지를 할 수 있다. 【지식】 ㅇ 가축별 특성의 이해 　　　　ㅇ 식육의 사후변화 　　　　ㅇ 식육의 조성 　　　　ㅇ 도축 과정 　　　　ㅇ 가축의 질병 　　　　ㅇ 가축의 생리 【기술】 ㅇ 가축몰이 및 운반능력 　　　　ㅇ 식육의 등급판정 능력 　　　　ㅇ 식육의 위생관리 【태도】 ㅇ 창의적인 사고 　　　　ㅇ 문제해결 능력
코드명a.2 도축작업하기	2.1 계류, 기절, 방혈, 탈모, 박피, 배할, 두·내장 분리, 2분할을 할 수 있다. 2.2 도체를 세척할 수 있다. 2.3 두, 내장을 제거한 후 세척 처리할 수 있다. 2.4 도체를 검사할 수 있다.

식육처리

능력단위요소	수행준거
	2.5 등급을 판정할 수 있다. 2.6 도체를 냉각시킬 수 있다.
	【지식】 ○ 가축의 생리 ○ 가축의 기절방법(타격법, 전살법, 총살법) ○ 방혈효과 ○ 도축장 위생 ○ 미생물학 ○ 식육의 사후변화 ○ 가축의 질병 ○ 냉장, 냉동의 원리 ○ 도체 검사 기준 ○ 등급 판정 기준 【기술】 ○ 전기톱 사용 능력 ○ 지육 고압세척 능력 ○ 적내장 및 이상지육 취급 능력 【태도】 ○ 창의적인 사고 ○ 문제해결 능력
코드명a.3 등급판정하기	3.1 도체 중량을 확인할 수 있다. 3.2 등지방 두께를 측정할 수 있다.(돼지, 소) 3.3 배최장근 단면적을 측정할 수 있다.(소) 3.4 근내지방도(등심)을 평가할 수 있다.(소) 3.5 육색을 평가할 수 있다.(소) 3.6 지방색을 평가할 수 있다.(소) 3.7 성숙도를 평가할 수 있다.(소, 돼지)
	【지식】 ○ 식육의 품질 등급 기준 ○ 식육의 조성 ○ 식육의 물성학

능력단위요소	수행준거	
		○ 식육의 결함 요소 ○ 검인도장의 구분 ○ 육량지수 산출 공식 ○ 가축 질병학
	【기술】	○ 도체 중량과 등지방 두께 측정능력 ○ 외관과 육질 판정능력 ○ 결함 판정능력
	【태도】	○ 창의적인 사고 ○ 문제해결 능력
코드명a.4 식육의 사후변화 이해하기	4.1 도축 후 식육의 온도변화를 측정할 수 있다. 4.2 도축 후 식육의 pH 변화를 측정할 수 있다. 4.3 식육의 초기오염도를 측정할 수 있다. 4.4 식육의 저장온도와 저장방법을 설정할 수 있다. 4.5 식육의 풍미·연도·보수력을 측정할 수 있다. 4.6 변화 과정별 관능검사를 시행할 수 있다. 4.7 식육의 포장방법을 이해할 수 있다.(랩, 비닐, 진공, 일반, MAP)	
	【지식】	○ 식육 위생 및 미생물 검사 ○ 식육의 구성 성분 이해 ○ 식육의 물리적 특성 ○ 식육학 ○ 물성검사 분석방법 ○ 미생물 검사방법 ○ 관능검사방법
	【기술】	○ 식육의 품질 관리기술 ○ 식육의 이화학적 검사 및 관능검사기능
	【태도】	○ 창의적인 사고 ○ 문제해결 능력

식육처리

능력단위요소	수행준거
코드명a.5 1차 분할하기	5.1 제5번과 제6번 갈비뼈 사이를 절단할 수 있다. 5.2 요추와 미추 사이를 절단할 수 있다.

	【지식】 ○ 지육의 골격 구조
	      ○ 가축해부학
	【기술】 ○ 골발도의 연마능력
	      ○ 분할·절개 부위의 정확성
	【태도】 ○ 창의적인 사고
	      ○ 문제해결 능력

코드명a.6 2차 분할하기	6.1 앞다리에서 앞다리, 목심, 갈비, 항정, 사태, 족을 분리할 수 있다. 6.2 몸통에서 등심, 안심, 갈매기살, 등심덧살, 삼겹살을 분리할 수 있다. 6.3 뒷다리에서 보섭살, 볼깃살, 설깃살, 도가니살, 사태, 족을 분할할 수 있다.

	【지식】 ○ 지육의 골격 구조
	      ○ 지육의 부위별 구조 및 성상
	      ○ 가축 해부학
	      ○ 식육학
	【기술】 ○ 골발칼 연마능력
	      ○ 부위별 분할시 정확도
	      ○ 근막 손상 여부
	【태도】 ○ 창의적인 사고
	      ○ 문제해결 능력

코드명a.7 발골하기	7.1 목심 부위 뼈를 제거할 수 있다. 7.2 앞다리 부위 뼈를 제거할 수 있다. 7.3 등심부위 뼈를 제거할 수 있다. 7.4 삼겹부위 뼈를 제거할 수 있다. 7.5 뒷다리부위 뼈를 제거할 수 있다.

능력단위요소	수행준거
	【지식】 ○ 가축의 골격 구조 이해하기 ○ 각 부위별 특징·구조 이해하기 ○ 정리·정돈·위생 실천하기 ○ 가축 해부학 ○ 식육학 ○ 식육위생 【기술】 ○ 칼 연마 기술 ○ 발골 기능 ○ 육 분류 기술 【태도】 ○ 창의적인 사고 ○ 문제해결 능력
코드명a.8 부위별 정형하기	8.1 각 부위육으로부터 지방층을 제거할 수 있다. 8.2 적육 부분에 남아있는 지방육을 다시 한 번 제거할 수 있다. 8.3 지방층에 붙어있는 적육을 제거할 수 있다. 8.4 적육과 지방육이 함께 있는 부스러기육으로부터 지방층을 다시 한번 제거할 수 있다. 8.5 지방 함량을 기준으로 용도별 육분류를 시행할 수 있다.
	【지식】 ○ 식육의 성분 조성 ○ 육분류 기준 ○ 용도별 칼의 선택 ○ 식육학 ○ 식육위생학 【기술】 ○ 칼 연마 기술 ○ 정형칼의 사용 기능 ○ 육분류 기술 【태도】 ○ 창의적인 사고 ○ 문제해결 능력

식육처리

능력단위요소	수행준거
코드명 a.9 육분류하기	9.1 눈으로 보이는 지방육 및 근막, 건 등의 완전 제거할 수 있다. (지방함량: 약 3~5%) 9.2 눈으로 보이는 지방이 약간 있고, 근막, 건 등의 제거할 수 있다. (지방함량: 약 20%) 9.3 눈으로 보이는 지방이 많고, 근막이나 건 등의 일부 제거할 수 있다. (지방함량: 약 35%) 9.4 돼지의 경우 항정 및 유두살을 분류할 수 있다.(지방함량: 약 45%) 9.5 살코기가 완전 제거된 지방육을 분류할 수 있다. (지방함량: 약 92%)
	【지식】 ○ 가축의 골격 구조 이해하기 　　　　○ 각 부위별 특징·구조 이해하기 　　　　○ 정리·정돈·위생 실천하기 　　　　○ 식육학 　　　　○ 식육위생 【기술】 ○ 칼 연마 기술 　　　　○ 발골 기능 　　　　○ 육 분류 기술 【태도】 ○ 창의적인 사고 　　　　○ 문제해결 능력
코드명 a.10 식육의 부위별 특성파악하기	10.1 도축 후 식육의 온도변화를 측정할 수 있다. 10.2 도축 후 식육의 pH 변화를 측정할 수 있다. 10.3 식육의 초기오염도를 측정할 수 있다. 10.4 식육의 저장온도와 저장방법을 설정할 수 있다. 10.5 식육의 풍미·연도·보수력을 측정할 수 있다. 10.6 변화 과정별 관능검사를 시행할 수 있다.

능력단위요소	수 행 준 거	
	【지식】	o 식육 위생 및 미생물 검사 o 식육의 구성 성분 이해 o 식육의 물리적 특성 o 식육학 o 물성검사 분석방법 o 미생물 검사방법 o 관능검사방법
	【기술】	o 식육의 품질 관리기술 o 식육의 이화학적 검사 및 관능검사기능
	【태도】	o 창의적인 사고 o 문제해결 능력
코드명a.11 부분육 냉장·냉동 저장하기	11.1 용도별 식육의 포장방법을 선택할 수 있다. 11.2 용도별 식육의 냉장·냉동방법을 선택할 수 있다. 11.3 냉장·냉동 조건을 설정할 수 있다. 11.4 냉장·냉동 식육의 유통기한을 설정할 수 있다.	
	【지식】	o 냉장·냉동의 원리 o 미생물의 성장 조건 o 냉장·냉동시 식육의 품질변화 o 식육냉동학 o 식육포장학 o 식육미생물학 o 관능검사
	【기술】	o 고압가스 냉동기능 o 식육 포장 기술 o 미생물검사기능 o 성분분석기능
	【태도】	o 창의적인 사고 o 문제해결 능력

식육처리

◆ 작 업 상 황

고려사항

- 가축을 농장에서 도축장까지 단시간 내에 운반하여 절식, 급수, 안정을 시켜 양질의 식육을 생산하여야 한다.
- 축산물위생관리법에 의거하여 위생적인 설비를 갖춘 도축시설에서 도살·해체 처리하여야 한다.
- 축산물위생관리법에 의거하여 도살·해체 처리된 식육의 품질등급 판정을 이해하여야 한다.
- 도축 후 근육내 성분의 변화로 온도체에서 사후강직현상을 거쳐 숙성과정을 겪게 되며, 정상적인 변화와 비정상적인 변화의 경우를 파악하여야 한다.
- 잘 냉각된 지육 2분체(돈) 또는 4분체(우)를 각각 앞다리, 몸통, 뒷다리 부위로 3분할하여야 한다.
- 3분할된 앞다리, 몸통, 뒷다리에서 각 부위별로 근막의 손상없이 2차 분할하여야 한다.
- 각 부위별 분할 후 뼈 제거작업으로서 뼈 부착육의 최소화 및 근막 손상 최소화를 달성하여야 한다.
- 적육에서 지방육을 분리하는 작업과 지방육에서 적육을 분리하는 작업을 통하여 각 부위별 정육상품을 만들어야 한다.
- 정형작업이 끝난 상황에서 분할된 부분육을 용도에 따라 분류하고, 조각 또는 부스러기육들을 가공용 원료육으로 지방 함량을 기준으로한 육분류를 시행하여야 한다.
- 식육의 품질 안전을 유지하거나 장기 보존하기 위하여 냉장·냉동 보관하여야 한다.

자료 및 관련서류

- 도체검사기준
- 등급판정기준
- 식육학개론
- 식육위생학
- 식육가공 및 저장
  - 식육냉동학
- 식육포장학
- 식육미생물학
  - 국내외의인터넷사이트나, 잡지자료

장비 및 도구(재료 포함)

- 가축운반 차량
- 안개분무장치
- 전살기
- 이송레일
- 탈모기
- 세척기
- 패턴지
- 고압세척기
- 계량기
- 박피칼
- 검인도장
- 근내지방 식별판
- 등급판정인
- 위생복
- 철앞치마
- 방수앞치마
- 온도계
- 미생물 배양기
- 전단력 측정기
- 진공포장기
- 냉장·냉동설비
- 관능검사실
- 가축몰이 봉
- 에어건
- 호이스트
- (스팀)탕박기
- 아세틸렌방사기
- 박피기
- 전기톱
- 칼세척기
- 골발칼
- 정형칼
- 육색식별판
- 자(지방두께 측정용)
- 줄톱
- 위생모
- 철장갑
- 봉줄
- pH 측정기
- 현미경
- 성분 분석 장치
- 속성지방측정장치
- 검사분석장치

◆ 평 가 지 침

평가방법

- 평가자는 이 능력단위의 수행준거에 제시되어 있는 내용을 평가하기 위해 이론과 실기를 나누어 평가하거나 종합적인 결과물의 평가 등 다양한 평가 방법을 사용할 수 있다.
- 피 평가자의 과정평가로는 다음의 평가 방법을 권장한다.
  - 일상적인 면담
  - <u>관찰기록모음</u>
  - 학습 일지
  - 자기평가(구두 혹은 글)
  - <u>보고서</u>

식육처리

- 행동점검표
- 피 평가자의 결과물 평가로는 다음의 평가 방법을 권장한다.
  - 과제진술과 채점기준이 있는 프로젝트, 포트폴리오
  - **교육생의 시범/연구, 조사결과물**
  - **태도 점검표, 질문지**
  - 선다형시험 등

평가시 고려사항

- 평가자는 피 평가자가 수행준거 및 평가내용에 제시되어 있는 내용을 성공적으로 수행할 수 있는지를 평가해야 한다.
- 평가자는 다음사항을 평가해야 한다.
  - 가축의 영양 및 생리
  - 가축별 품종의 특성
  - 동물 학대 금지 규정
  - 가축 운반 차량의 구조
  - 가축 운반 요령
  - 생체검사 기준
  - 가축의 질병
  - 도체 검사 기준
  - 등급 판정 기준 및 정확성
  - 육질 판정시 정확도
  - 구간별 물성·관능검사 및 성분분석
  - 분할 부위 정확성 확인
  - 분할 시 손상부위 발생 여부
  - 각 부위 근육 분리시 근막 손상 여부
  - 각 부위별 구분의 정확성
  - 덩어리 부위육의 표면 처리가 매끄러운 정도
  - 지방육에 적육부착 정도
  - 부스러기육의 선별 상태
  - 작업 중 정리·정돈 상태
  - 작업자의 자세
  - 도축 후 1시간, 24시간, 72시간, 5일, 12일 간격으로 온도와 pH 측정
  - 구간별 물성 검사
  - 구간별 성분 분석
  - 구간별 관능검사
  - 냉장·냉동 설비의 운전 조건 - 온도, 습도, 풍속
  - 장기 숙성용 식육 - 진공포장

식육처리

- 단기 조리용 테이블 미트 – 랩포장, 가스포장
- 장기 보관용 식육 – 진공포장, 냉동저장
- 지방 함량에 다른 냉동육의 유통기한 차등 설정
- 식육의 성분 조성
- 식육의 이화학적 특성
- 식육 가공학

식육처리

코드명 :
능력단위명 : 육제품가공
능력단위 정의 : 이 능력단위는 원료육의 이화학적 특성파악, 부재료 첨가, 염지, 분쇄·혼합·유화·충전, 가열 및 훈연, 발효 및 건조, 포장 등의 작업을 수행하는 능력이다.

능력단위요소	수행준거
코드명b.1 원료육의 이화학적 특성 파악하기	1.1 원료육 입고시 온도, pH, 외관검사를 시행할 수 있다. 1.2 지방 함량에 따른 육분류 표준화 규격을 확보할 수 있다. 1.3 육분류에 따른 지방 함량 수준을 목측할 수 있다. 1.4 배합표에 준거한 원료육을 계량할 수 있다. 1.5 원료육의 온도는 0~2℃로 최대한 낮게 유지할 수 있다. 1.6 원료육의 pH는 용도에 따라 선택할 수 있다.(염지용/유화용) 【지식】 ㅇ 식육의 사후변화 ㅇ 식육의 조성 ㅇ 식육의 가공원리 ㅇ 식육학 ㅇ 식육화학 ㅇ 식육교질학 ㅇ 식육가공학 【기술】 ㅇ 지육 해체 발골·정형기술 ㅇ 육분류 및 목측 기능 ㅇ 배합표 작성 기술 【태도】 ㅇ 창의적인 사고 ㅇ 문제해결 능력
	2.1 원료육을 계량할 수 있다. 2.2 얼음/얼음물을 계량할 수 있다.

능력단위요소	수 행 준 거
코드명b.2 원, 부재료 배합하기	2.3 식품첨가물과 염지소금 또는 식염을 계량할 수 있다. 2.4 향신료를 계량할 수 있다. 2.5 부재료를 계량할 수 있다. 2.6 투입순서와 시기에 맞춰 첨가할 수 있다. 【지식】 ○ 식품첨가물의 종류와 기능 ○ 육제품의 종류와 제조방법 ○ 향신료의 종류와 특징 ○ 부재료의 종류와 기능 ○ 식품첨가물 사용시의 화학적 변화 ○ 향신료 배합에 따른 맛의 변화 ○ 각 부재료의 기능과 품질에 미치는 영향 【기술】 ○ 배합표 작성 및 배합기술 ○ 염지 및 유화기술 ○ 식품첨가물·향신료 등의 보관기술 【태도】 ○ 창의적인 사고 ○ 문제해결 능력
코드명b.3 염지하기	3.1 식염, 아질산염, 발색보조제, 향신료 등을 계량할 수 있다. 3.2 염지 방법에 따라 복합염지제 또는 염지액을 만들 수 있다. 3.3 염지용 원료육을 선별·계량할 수 있다. 3.4 건염법으로 원료육의 표면을 염지제로 문지를 수 있다. 3.5 습염법으로 원료육에 염지액을 주사할 수 있다. 3.6 침지법으로 원료육을 염지액에 담가놓을 수 있다. 3.7 염지 효과를 촉진시키기 위하여 마사지 또는 텀블링을 시킬 수 있다.

식육처리

능력단위요소	수행준거
	【지식】 ○ 염지의 원리 ○ 염지 방법에 따른 효과 ○ 염지육제품의 종류 ○ 마사지/텀블링 조건과 효과 ○ 염지시의 이화학적 변화 ○ 염지조건에 따른 보존성 ○ 텀블링 조건에 따른 육제품 품질의 변화 【기술】 ○ 염지제 배합기술 ○ 염지액 침지시 육비율 조정 ○ 염지액 제조 및 주입기술 ○ 마사지 및 텀블링 기술 【태도】 ○ 창의적인 사고 ○ 문제해결 능력
코드명b.4 분쇄·혼합·유화·충전하기	4.1 기계 부품의 조립 상태를 확인할 수 있다. 4.2 각 공정별 작업표준을 확인할 수 있다. 4.3 원료육을 작은 크기로 분쇄할 수 있다. 4.4 분쇄육에 식염, 얼음, 식품첨가물, 향신료 등을 투입하여 세절할 수 있다. 4.5 분쇄육과 세절 유화물을 혼합할 수 있다. 4.6 분쇄육, 유화물, 혼합육 등을 케이싱에 충전할 수 있다. 【지식】 ○ 가공기계 구조 및 작동원리의 이해 ○ 각 공정별 작업표준의 숙지 ○ 육제품의 종류와 제조방법 ○ 육가공 설비와 가공원리 ○ 유화물의 특성과 가공적성 ○ 소시지의 종류와 품질특성 ○ 소시지 제조공정에 따른 분류 【기술】 ○ 가공 기계의 분해·조립기능 ○ 나이프 등 부품의 연마·유지 관리 기술

능력단위요소	수 행 준 거
	○ 기계 설비의 운전 및 유지·보수 ○ 각 공정별 제조기술 ○ 제조 공정 중 품질 평가 기술 【태도】 ○ 창의적인 사고 ○ 문제해결 능력
코드명b.5 가열 및 훈연하기	5.1 가공육의 심부온도를 올려 발색과정을 유발시킬 수 있다. 5.2 가공육의 표면을 건조시킬 수 있다. 5.3 연기 발생기를 작동시켜 연기를 제조할 수 있다. 5.4 제품 표면에 연기 흐름을 발생시켜 훈연할 수 있다. 5.5 연기를 모두 제거할 수 있다. 5.6 가공육의 심부온도를 올려 살균효과를 높일 수 있다. 5.7 설정된 심부온도에 맞추어 가열을 멈출 수 있다. 5.8 가공육의 표면온도를 급속 냉각시킬 수 있다.
	【지식】 ○ 가열 및 훈연의 원리 ○ 훈연재료의 선택과 연기의 성분 ○ 미생물의 살균조건 ○ 식품미생물학 ○ 식품저장학 ○ 각 제품의 성상 및 가열 방법 【기술】 ○ 가열기구 및 훈연설비의 운전 ○ 중심온도 관리 및 보존성 확보 기술 ○ 제품별 가열 및 훈연 프로그램 운영 【태도】 ○ 창의적인 사고 ○ 문제해결 능력

식육처리

능력단위요소	수 행 준 거
코드명 b.6 발효 및 건조하기	6.1 건염법에 의한 장기발효숙성햄을 염지할 수 있다. 6.2 발효건조소시지를 위하여 "원료육의 냉동 – 냉동육 세절 – 유산균 – 접종 – 식품첨가물 및 향신료 투입 – 입자 크기 조절 – 충전 – 냉훈·건조·발효 – 숙성" 과정을 수행할 수 있다. 6.3 발효숙성햄을 위하여 "수세 – 건조 – 산화 – 냉훈 – 숙성"과정을 수행할 수 있다. 【지식】 ○ 발효의 원리 ○ 발색의 원리 ○ 발효육제품의 종류 ○ 발효시 관여하는 미생물 ○ 냉훈 조건 ○ 숙성시의 화학적 변화 【기술】 ○ 건염기술 ○ 건조발효소시지 제조기술 ○ 발효숙성햄 제조기술 ○ 냉훈설비운전기술 【태도】 ○ 창의적인 사고 ○ 문제해결 능력
코드명 b.7 통조림화와 멸균하기	7.1 완성품 또는 비가열 제품원료를 병/캔에 충전할 수 있다. 7.2 탈기 후 밀봉할 수 있다. 7.3 고온고압살균기(레토르트)에 넣고 가열할 수 있다. 7.4 F_0치를 측정하여 살균효과를 설정할 수 있다. 7.5 F_0치에 따른 유통기한을 구분하여 포장할 수 있다. 【지식】 ○ 탈기 및 밀봉(시밍) 설비의 운전 ○ 레토르트의 제원 및 운전

능력단위요소	수행준거
	○ 통조림의 종류와 품질 ○ 식품미생물 ○ F_0치와 살균효과 측정 ○ F_0치에 따른 보존성 ○ 레토르트 식품의 영양가치 ○ 고온고압 살균조건 【기술】 ○ 밀봉기술 ○ 레토르트 살균기술 ○ 레토르트 제품 배합기술 【태도】 ○ 창의적인 사고 ○ 문제해결 능력
코드명b.8 포장하기	8.1 제품을 만들고 포장하여 상품화할 수 있다. 8.2 통조림, 병조림, 레토르트파우치, bag in box 등의 방법을 이용하여 식품의 유통기간을 늘일 수 있다. 8.3 무균포장방법으로 식품의 열변질을 최소화할 수 있다. 8.4 가스치환포장으로 식품에서 일어나는 산화와 부패를 억제할 수 있다. 【지식】 ○ 가공식품의 포장이유와 포장식품 ○ 식품포장의 기능 ○ 무균포장재료의 특징과 멸균 ○ 무균포장용기의 기밀성 검사 【기술】 ○ 무균포장기술 ○ 문제해결 능력 【태도】 ○ 창의적인 사고 ○ 문제해결 능력 ○ 안전 및 위생지침 준수

식육처리

◆ 작 업 상 황

고려사항

- 가공육의 품질 균일성에 절대적인 영향을 미치는 원료육의 온도, pH, 이물 혼입 여부 등의 확인과 지방 함량에 따른 육분류의 표준화를 수행할 수 있다.
- 제품별 식품첨가물과 향신료를 배합표에 다라 정확히 계량하고, 작업표준에 의거 투입 순서 및 투입시기를 정확히 시행할 수 있다.
- 가공 작업을 하기 전에 소금, 아질산염, 발색보조제 등 식품첨가물을 활용, 일정시간 염이 침투하게 하여 맛을 향상시키고, 수분활성도를 저하시켜 저장성을 증진시켜야 한다.
- 가공기계 설비 부품의 조립 및 운전조건에 따라 원료육 및 식품첨가물·향신료 등이 작업자의 숙련도에 의해 이화학적 변화를 거쳐 가공육의 품질로 재구성되는 중요한 공정을 수행하여야 한다.
- 단백질과 지방 그리고 수분의 결합상태가 가열에 의해 단백질이 응고되면서 안정적인 구조물로 고정되는 과정과 목재를 태워 발생시킨 연기성분을 육제품 표면에 침착시켜 풍미의 개선과 보존성을 부여하여야 한다.
- 장기숙성발효육제품과 속성발효육제품의 제조공정을 이해하고 발효를 위한 유산균과 냉훈법의 원리를 숙지하여 발효건조육제품 특유의 풍미를 만들어 내어야 한다.
- 육제품을 병 또는 캔에 충전하여 고온·고압 하에서 가열함으로써 멸균상태에서 장기간 상온 보관이 가능한 저장 식품을 만들어야 한다.
- 포장 공정을 이해하고 식품의 안전성과 보존성을 향상시켜야 한다.

자료 및 관련서류

- 식육학개론
- 식육위생학
- 식육가공 및 저장
- 국내외의인터넷사이트나, 잡지자료

장비 및 도구(재료 포함)

- 온도계
- 속성 지방분석기
- 염지액 교반기
- 세절기
- pH 측정기
- 전자저울
- 배합 믹서
- 염도계

- 염지액 주사기
- 마사져
- 분쇄기
- 충전기
- 미트 웨이곤
- 쿠킹캐틀
- 스모그 제네레이타
- 스모크 트롤리
- 냉훈기
- 캔충전기
- 레토르트
- 온수보일러
- 무균포장시스템

- 염지육 보관탱크
- 텀블러
- 혼합기
- 미트 트럭
- 작업대
- 스모크 하우스
- 샤워기
- 냉동육 절단기
- 숙성실
- 캔시머(밀봉기)
- 캔 운반 트럭
- 통조림가공시스템
- 가스치환포장시스템

◆ 평 가 지 침

평가방법

- 평가자는 이 능력단위의 수행준거에 제시되어 있는 내용을 평가하기 위해 이론과 실기를 나누어 평가하거나 종합적인 결과물의 평가 등 다양한 평가 방법을 사용할 수 있다.
- 피 평가자의 과정평가로는 다음의 평가 방법을 권장한다.
  - 일상적인 면담
  - **관찰기록모음**
  - 학습 일지
  - 자기평가(구두 혹은 글)
  - **보고서**
  - 행동점검표
- 피 평가자의 결과물 평가로는 다음의 평가 방법을 권장한다.
  - 과제진술과 채점기준이 있는 프로젝트, 포트폴리오
  - **교육생의 시범/연구, 조사결과물**
  - **태도 점검표, 질문지**
  - 선다형시험 등

식육처리

평가시 고려사항

- 평가자는 피 평가자가 수행준거 및 평가내용에 제시되어 있는 내용을 성공적으로 수행할 수 있는지를 평가해야 한다.
- 평가자는 다음사항을 평가해야 한다.
  - 육가공의 원리 및 육분류 기준
  - 원료육 배합 기준의 이해
  - 제품별 제조 공정
  - 배합원리
  - 식품첨가물의 기능 및 화학적 변화
  - 제품별 제조공정 및 제품생산
  - 염지 및 유화 원리
  - 향신료의 배합에 따른 맛과 향의 변화
  - 염지의 원리 및 염지효과
  - 발색제의 선택
  - 염지 방법에 따른 보존성의 차이
  - 염도 및 맛의 균일성 관리 방법
  - 염지시 미생물의 작용 및 변패
  - 소시지 제조원리 및 제품생산
  - 가공기계의 제원 및 운전방법
  - 유화물의 특성과 실패사례
  - 소시지의 보수력, 유화력, 결착력 측정방법
  - 관능검사
  - 가열 및 훈연의 원리
  - 제품별 가열 및 훈연조건
  - 제품별 중심온도 유지
  - 훈연제품의 표면색상유지
  - 가열 및 훈연 제품의 냉각
  - 유산균 접종과 발효의 원리
  - 건조소시지의 입자규격에 따른 분류
  - 발효 숙성햄의 제조 규격
  - 발효 육제품의 이화학적 성상 및 이용
  - 레토르트 살균의 원리
  - 레토르트 육제품의 품질 규격 및 보존성
  - 레토르트 육제품의 영양 가치
  - 제품별 제조 공정 및 생산

식육처리

- F_0치 살균효과에 다른 유통기한설정
- 가공식품의 포장이유와 포장식품
- 식품포장의 기능
- 무균포장재료의 특징과 멸균
- 무균포장용기의 기밀성 검사

식육처리

코드명 :
능력단위명 : 판매 · 영업
능력단위 정의 : 이 능력단위는 매장관리, 고객관리, 영업관리 등의 작업을 하는 수행하는 능력이다.

능력단위요소	수 행 준 거
코드명c.1 매장관리하기	1.1 깨끗하고 정돈된 매장 인테리어와 아웃테리어를 갖출 수 있다. 1.2 쾌적한 분위기 연출을 위한 조명과 공기정화시설을 갖출 수 있다. 1.3 육제품과 관련 상품을 맛깔나고 보기 좋게 진열할 수 있다. 1.4 상품 소개 및 행사안내를 위한 모니터 또는 표식물을 준비·부착할 수 있다. 1.5 깨끗하고 산뜻한 복장을 갖춘 밝은 표정의 판매원이 고객응대를 할 수 있다. 1.6 판매 촉진을 위한 각종 이벤트 행사를 연출할 수 있다.(Day-marketing 등) 1.7 품질 경영을 위해 재고관리, 위생관리, 서비스 관리를 실천할 수 있다. 1.8 종사자들의 위생, 식육가공, 서비스 교육 및 훈련을 실시할 수 있다. 1.9 제품과 각종 이벤트 홍보 책자 또는 현수막을 효율적으로 활용할 수 있다. 【지식】 ○ 상품지식 　　　　○ 안전사고 예방 및 위생관리 　　　　○ 판매원의 고객응대법

능력단위요소	수행준거
	○ 판매상품의 구성전략 ○ 진열상품 만들기 ○ 식품위생 ○ 가격정책 ○ 고객의 유형 및 구매심리 파악 ○ 판매원의 자세 및 판매용어 ○ 판매촉진전략 ○ 광고·홍보전략 【기술】 ○ 판매장 시설 청소·소독 ○ 진열상품 만들기와 진열하기 ○ 제품포장기술 ○ POP 제작 ○ 손님응대요령 ○ 단골고객만들기 ○ 판촉기술 ○ 즉석제품제조기술 【태도】 ○ 창의적인 사고 ○ 문제해결 능력
코드명c.2 고객관리하기	2.1 고객의 유형과 구매심리를 파악할 수 있다. 2.2 판매원의 자세와 응대요령을 규정할 수 있다. 2.3 고객의 요구와 고객 정보를 수집할 수 있다. 2.4 고객과의 커뮤니케이션 수단을 확보할 수 있다. 2.5 핵심고객을 고객만족을 통한 구전효과를 실현할 수 있다. 2.6 방문고객수와 구매 객 단가 증대를 유도할 수 있다. 2.7 상품정보와 행사정보를 충분히 전달할 수 있다. 2.8 회원제 실시로 마일리지 카드를 적극적으로 활용할 수 있다.

식육처리

능력단위요소	수 행 준 거
	【지식】 ○ 고객 이해하기 ○ 판매원의 상품지식 및 판매자세 ○ 정보 전달 요령 ○ 구매심리학 ○ 고객과의 커뮤니케이션기법 ○ 광고·홍보를 통한 마케팅의 이해 ○ 판매촉진기법 【기술】 ○ 고객응대기술 ○ 홈페이지, 블로그의 활용 ○ 회원제 고객관리기능 ○ 판매촉진행사 운영능력 【태도】 ○ 창의적인 사고 ○ 문제해결 능력
코드명c.3 영업관리하기	3.1 시장조사 와 분석 능력을 배양할 수 있다. 3.2 전략과 전술 수립하는 능력 갖출 수 있다. 3.3 원가 분석과 판매가격 결정하는 능력 배양할 수 있다. 3.4 가망고객과 목표 고객 설정할 수 있다. 3.5 고유 브랜드 갖출 수 있다. 3.6 가맹점 또는 대리점 개설 능력 갖출 수 있다. 3.7 영업 목표 관리 능력 배양할 수 있다. 3.8 식육 및 육제품의 영업 재료를 (카타로그, 리플렛, 포스터, POP 등) 준비할 수 있다. 3.9 물품거래 조건을 숙지하고 상담요령을 숙련시킬 수 있다. 3.10 물품 공급 계약을 체결할 수 있다.

능력단위요소	수 행 준 거
	3.11 거래처로부터 주문접수, 배송, 납품, 대금청구 및 수금 등을 수행할 수 있다.
	3.12 크레임처리, 채권관리 등 거래처에 대한 사후관리를 수행할 수 있다.
	3.13 판매촉진을 위한 행사 등을 기획할 수 있다.
	3.14 판촉행사를 시행할 수 있다.
	【지식】 ○ 시장조사와 분석방법 이해 ○ 마케팅 기본 4P 이해 ○ 전략과 전술수립 이해 ○ 원가분석 방법 이해 ○ 손익분기점 산출법 이해 ○ 가망고객과 목표고객 구분법 이해 ○ 브랜드 가치 이해 【기술】 ○ 주요 목표 고객층 선정과 관리 기술 ○ 원가산출 능력 ○ 영업목표 설정 및 Time Table 작성 능력 ○ 축산물 유통 및 가맹점 개설 능력

◆ 작 업 상 황

고려사항

- 청결하고 위생적으로 가공한 상품들을 맛깔스럽게 진열하여 고객들의 구매욕을 극대화 할 수 있도록 판매장을 꾸미고, 편안하고 즐거운 마음으로 구매 행위를 할 수 있도록 고객 감동 서비스를 제공하여야 한다.
- 고객의 유형과 구매형태에 따라 판매원의 자세와 응대요령을 습득하고, 고객의 요구를 정확히 파악하여 상품의 구색을 갖추며 서비스의 수준을 높여야 한다.
- 철저한 시장 조사와 분석을 통해 가망고객층을 설정하고 판매 전략과 전술을 수립하여 판매 목표량, 금액, 이익을 예측하는 능력을 배양하여야 한다.

식육처리

자료 및 관련서류

- 관련 사례연구 자료(Case Study)
- 관련 인터넷 검색 자료
- 관련 매체(인쇄, 방송, 인터넷 매체 등)에 보도된 기사 및 게재자료
- 국내외 정부/단체/연구소/업계/학계 등의 간행물, 조사보고서, 세미나 자료, 통계 수치 등

장비 및 도구(재료 포함)

- 프린터
- 컴퓨터
- 문서 작성 프로그램(파워 포인트, 엑셀, 워드 등)
- 그래픽 처리 프로그램

◆ 평 가 지 침

평가방법

- 평가자는 이 능력단위의 수행준거에 제시되어 있는 내용을 평가하기 위해 이론과 실기를 나누어 평가하거나 종합적인 결과물의 평가 등 다양한 평가 방법을 사용할 수 있다.
- 피 평가자의 과정평가로는 다음의 평가 방법을 권장한다.
    - 일상적인 면담
    - **관찰기록모음**
    - 학습 일지
    - 자기평가(구두 혹은 글)
    - **보고서**
    - 행동점검표
- 피 평가자의 결과물 평가로는 다음의 평가 방법을 권장한다.
    - 과제진술과 채점기준이 있는 프로젝트, 포트폴리오
    - **교육생의 시범/연구, 조사결과물**
    - **태도 점검표, 질문지**
    - 선다형시험 등

(평가시 고려사항)

- 평가자는 피 평가자가 수행준거 및 평가내용에 제시되어 있는 내용을 성공적으로 수행할 수 있는지를 평가해야 한다.
- 평가자는 다음사항을 평가해야 한다.
  - 육가공의 원리 및 육분류 기준
  - 시장조사와 분석방법 이해
  - 마케팅 기본 4P 이해
  - 전략과 전술수립 이해
  - 원가분석 방법 이해
  - 손익분기점 산출법 이해
  - 가망고객과 목표고객 구분법 이해
  - 브랜드가치 이해
  - 유통 관리법 및 가맹점 관련법 이해
  - MBO(Management by Objective ; 목표관리) 이해
  - 영업사원으로서의 사명과 자세
  - 설명하기, 설득하기 등 커뮤니케이션 지식
  - 거래처 발굴, 상담, 계약, 물품공급, 수금, 사후관리 등의 행정
  - 상품지식
  - 제도, 규정, 규칙 등의 법률 지식
  - 원가계산, 가격산출 등을 위한 회계 지식
  - 판매촉진을 위한 홍보, 마케팅 지식

식육처리

코드명 :
능력단위명 : 품질·경영 관리
능력단위 정의 : 이 능력단위는 생산이력제관리, 위생관리, HACCP관리, 제품 품질관리, 원가관리를 하는 능력이다.

능 력 단 위 요 소	수 행 준 거
코드명d.1 생산이력제관리하기	1.1 소의 출생한 날로부터 5일 이내 출생신고를 할 수 있다.(시행규칙) 1.2 귀표의 부착을 신청한날로부터 30일 이내 부착할 수 있다.(시행규칙) 1.3 개체식별대장의 작성 및 관리할 수 있다.(전산등록) 1.4 양도·양수, 도축 출하 등 신고할 수 있다.(5일이내) 1.5 귀표 미 부착 또는 전산 미등록우의 도축금지를 할 수 있다. 1.6 포장 처리 실적 기록할 수 있다.(2년간 보관) 1.7 거래 내역서(쇠고기 개체식별번호 기록) 보관(1년) 할 수 있다.
	【지식】 ㅇ 식육 판매표시판(대면판매) : 식육의 종류, 부위명칭, 등급, 도축장명, 개체식별번호, 100g당 가격 ㅇ 소포장지 또는 용기에 라벨표시(진열판매) ㅇ 개체식별번호(12자리 입력) 【기술】 ㅇ 개체식별번호의 검색 후 내용 확인(소의 종류, 성별, 출생년월일, 사육자, 사육지, 도축장, 도축일자, 도축검사결과, 등급, 가공장명) ㅇ 개체이력조회능력(6626+nate, magic 등 +000 0000 0000 0) 【태도】 ㅇ 창의적인 사고 ㅇ 문제해결 능력

능력단위요소	수 행 준 거
코드명d.2 위생관리하기	2.1 작업장의 시설·설비와 위생조건을 설정할 수 있다. 2.2 종사자의 건강관리 및 개인위생조건을 실행할 수 있다. 2.3 주기적인 청소와 소독을 시행할 수 있다. 2.4 해충 퇴치 및 구서를 위한 시설을 설치·가동할 수 있다. 2.5 위해요소를 설정, 미생물 검사를 주기적으로 시행·기록할 수 있다. 【지식】 ○ 청소와 소독의 원리 및 효과 ○ 청소 도구의 기능 ○ 미생물의 종류와 성장조건 ○ 세정·세척제의 종류와 기능 ○ 물리·화학적 살균·소독제의 기능과 사용방법 ○ 위해요소중점관리제도의 이해와 실행 【기술】 ○ 청소 및 소독기술 ○ 개인위생설비유지 및 실천 ○ 시설·설비·기계·장비 등의 위생관리 ○ 용기 및 포장의 위생관리 ○ 작업장 온도 미 환기 관리 ○ 급·배수시설관리 【태도】 ○ 창의적인 사고 ○ 문제해결 능력
코드명d.3 HACCP관리하기	3.1 생물학적 위해요소(살모넬라, 장염비브리오, 황색포도상구균, 대장균, 리스테리아, 보틀리듐 등 세균)를 파악하고 이해할 수 있다. 3.2 화학적 위해요소(중금속(수은, 납, 카드뮴), 천연독소(복어, 버섯독), 다이옥신, 잔류농약, 알러지유발 물질 등에서 생성되는 화학물질)를 파악하고 이해할 수 있다.

식육처리

능력단위요소	수 행 준 거
	3.3 물리적 위해요소(이물(금속, 돌, 유리, 모발, 곤충, 설치류 분변 등))를 파악하고 이해할 수 있다. 3.4 GMP(우수제조기준 : 위생적인 축산물 생산을 위한 시설설비 요건 및 기준)를 이해할 수 있다. 3.5 SSOP(표준위생관리기준 : 교차오염 방지등 일반적인 위생관리 운영관리 기준)를 이해할 수 있다. 3.6 HACCP(위해요소중점관리기준 : 선행 요건 프로그램(SSOP, GMP)을 충실히 이행 후 HACCP 프로그램을 운영 가능함)을 이해할 수 있다.
	【지식】 ○ CP(관리점) : 선행요건 프로그램으로 생물학적, 화학적 또는 물리적 위해가 관리될 수 있는 단계 또는 공정 ○ CCP(중요관리점) : HACCP를 적용하여 축산물의 위해를 방지·제거 하거나 허용수준 이하로 감소시켜 축산물의 안전을 확보할 수 있는 단계·과정 또는 공정 ○ 한계기준 : 중요관리점에 대하여 설정된 허용범위 내에서의 기준이나 기준치 ○ 감시(모니터링) : 위해요소의 적절한 관리여부를 점검하기 위하여 실시하는 일련의 관찰이나 측정수단 ○ 개선초치 : 중요관리점에 대한 감시결과 위해요소의 한계기준을 위반한 경우에 취하는 일련의 조치 ○ 검증 : HACCP의 계획이 적절하게 운용되고 있는지 여부를 평가하는 조치 【기술】 ○ 제조공정도 작성 및 검증작업 ○ HACCP의 적용의 문제점 파악 및 효율적 적용방안마련 【태도】 ○ 안전수칙 준수 ○ 위생관리 철저

능력단위요소	수 행 준 거
코드명 d.4 제품품질관리하기	4.1 품질특성을 가능한 한 객관적으로 표현할 수 있다. 4.2 품질특성을 측정할 수 있다. 4.3 측정 결과를 분석 평가할 수 있다. 4.4 결론이나 지침을 유출할 수 있다. 4.5 품질이 형성되는 모든 단계에 적용할 수 있다. 4.6 각 단계를 정상화할 수 있다.

	【지식】 ○ 미생물 제품분석
	        ○ 이화학적 제품분석
	【기술】 ○ 제조공정도 작성 및 검증작업
	        ○ HACCP의 적용의 문제점 파악 및 효율적 적용방안마련
	【태도】 ○ 안전수칙 준수
	        ○ 위생관리 철저

코드명 d.5 원가관리하기	5.1 생산성, 수율, 제조경비 실적을 취합할 수 있다. 5.2 원·부재료, 포장재료의 구입·사용·재고현황을 파악할 수 있다. 5.3 제품의 생산입출고·재고 현황을 파악할 수 있다. 5.4 제조인건비를 산출할 수 있다. 5.5 제조원가를 산출할 수 있다. 5.6 목표대비 실적을 분석할 수 있다. 5.7 문제점 파악 및 대책을 수립할 수 있다. 5.8 대책을 실행할 수 있다.

식육처리

능력단위요소	수 행 준 거
	【지식】 ㅇ 생산실적 취합 ㅇ 제조원가 계산 ㅇ 구매관리 ㅇ 생산성관리 ㅇ 생산성관리 ㅇ 재고관리 ㅇ 품질관리 ㅇ 원가계산 및 손익관리 ㅇ 목표관리 【기술】 ㅇ 관리항목설정 및 DATA 취합 ㅇ DATA 분석 및 문제점 파악 ㅇ 대책 수립 및 실천 【태도】 ㅇ 창의적인 사고 ㅇ 문제해결 능력

◆ 작 업 상 황

고려사항

- 소의 출생에서부터 도축·가공·판매에 이르기까지의 정보를 기록·관리하여 위생·안전에 문제가 발생할 경우 그 이력을 추척 하여 신속하게 대처하기 위한 제도이다. 쇠고기 유통의 투명성(국내산육, 수입육)을 확보할 수 있으며 원산지 허위표시나 둔갑 판매등이 방지되고 쇠고기에 대한 정보를 미리 알 수 있어 소비자가 안심하고 구매하여야 한다.
- 식품의 영양성분과 높은 수분활성도는 미생물의 증식에 매우 유용하므로 미생물 오염을 억제하고 미생물의 생장을 제어하기 위한 과학적인 위생관리를 하여야 한다.
- 축산물의 안전에 영향을 줄 수 있는 위해요소 중 원료와 가공 공정에서 발생 가능한 생물학적, 화학적, 물리적 위해요소를 사전에 분석, 확인하여 그 위해요소를 예방하고 제거 또는 허용수준으로 감소시킬 수 있는 공정이나 단계를 과학적으로 평가하여 중점 관리하여야 한다.
- 적절한 제품 품질의 기준을 정하고, 달성되도록 통제하는 활동으로서 소비자의 요구에 합치하는 제품을 경제적으로 생산하는데 필요한 관리능력을 갖추도록 하여야 한다.
- 재료, 기계, 사람, 방법 등 투입요소의 적절한 배치 및 활용을 통하여 최대한의 가치를 산출하는 경영활동을 하여야 한다.

자료 및 관련서류

- 육제품의 품질기준
- 식육학개론
- 식육위생학
- 식육가공 및 저장
- 국내외의 인터넷사이트나, 잡지자료

장비 및 도구(재료 포함)

- 칼
- 접시
- 청소도구
- 건조기
- 손소독기
- 자외선살균기
- 살균소독제
- 컴퓨터기록장치
- 냉장 쇼케이스
- 육절기
- 포장기
- 라벨프린터
- 에어컨
- 환기시설
- 홈페이지 및 블로그
- 개인용 컴퓨터

- 도마
- 필기구
- 수세기
- 건조기
- 에어샤워기
- 세정·세척제
- 전산관리프로그램
- 냉장·냉동고
- 냉동평대
- 골절기
- 전자저울
- 위생도마
- 조명시설
- 고객관리 전산프로그램
- 회원카드단말기

◆ 평 가 지 침

평가방법

- 평가자는 이 능력단위의 수행준거에 제시되어 있는 내용을 평가하기 위해 이론과 실기를 나누어 평가하거나 종합적인 결과물의 평가 등 다양한 평가 방법을 사용할 수 있다.
- 피 평가자의 과정평가로는 다음의 평가 방법을 권장한다.

식육처리

- 일상적인 면담
- **관찰기록모음**
- 학습 일지
- 자기평가(구두 혹은 글)
- **보고서**
- 행동점검표
• 피 평가자의 결과물 평가로는 다음의 평가 방법을 권장한다.
- 과제진술과 채점기준이 있는 프로젝트, 포트폴리오
- **교육생의 시범/연구, 조사결과물**
- **태도 점검표, 질문지**
- 선다형시험 등

평가시 고려사항

• 평가자는 피 평가자가 수행준거 및 평가내용에 제시되어 있는 내용을 성공적으로 수행할 수 있는지를 평가해야 한다.
• 평가자는 다음사항을 평가해야 한다.
- 관능검사 기준
- 맛과 향의 특성
- 관능검사 요령
- 관능검사 능력
- 식육위생학
- 청소와 소독
- 세정제와 소독제의 종류와 적용
- 세정제와 소독제의 종류와 적용
- 위해요소설정 및 관리항목유지
- 개인위생설비 및 적용
- 작업장 온도 및 환기시설
- 원가계산법
- 생산성 향상을 위한 교육·훈련 프로그램
- 수율 관리 및 측정법
- 품질관리기준
- 재고관리 및 조사
- 인건비 관리
- 제조경비 관리
- 판매장 시설·설비·장비 및 공기구 비품의 관리

식육처리

- 안전관리 및 위생관리 지침
- 조명기구 및 환기시설구비
- 진열상품의 종류와 특성 숙지상태
- POP 부착 활용
- 상품진열의 효과
- 가격표 기록상태
- 판매원의 자세와 숙련도
- 창고의 정리·정돈 상태
- 포장재료와 디자인
- 마케팅 전략의 수립
- 고객과의 커뮤니케이션 수단
- 회원제 고객 정보 수집
- 판촉 행사 연출
- 매출 증대 효과 측정

Meat and Meat Processing

품질·경영관리

식육처리

<부 록>

■ 식육처리 직무구조도

책무 (Duty)	작업 (Task)			
A 원료육가공	A-1 도축전 가축 취급하기	A-2 도축작업하기	A-3 등급판정이해하기	A-4 식육의 사후변화이해하기
	A-5 1차 분할하기	A-6 2차 분할하기	A-7 발골하기	A-8 부위별 정형하기
	A-9 육분류하기	A-10 식육의 부위별 특성 파악하기	A-11 부분육 냉장·냉동 저장하기	
B 육제품가공	B-1 원료육의 이화학적 특성 파악하기	B-2 원, 부재료 배합하기	B-3 염지하기	B-4 분쇄·혼합·유화·충전하기
	B-5 가열 및 훈연하기	B-6 발효 및 건조하기	B-7 통조림화와 멸균하기	B-8 포장하기
C 판매·영업	C-1 매장관리하기	C-2 고객 관리하기	C-3 영업관리하기	
D 품질·경영관리	D-1 생산이력제관리하기	D-2 위생 관리하기	D-3 HACCP관리하기	D-4 제품품질관리하기
	D-5 원가관리하기			

NCS개발 서식을 활용한 (축산)직종 직무분석
(Livestock)

2012

축산 능력단위군

☐ 축산 직무의 정의

축산은 축산에 관한 기술 이론 지식, 숙련기능을 바탕으로 가축의 육종 및 증식, 사양관리, 사료생산 및 관리, 질병관리, 경영관리, 축산물 가공 및 유통 등의 업무를 수행하는 일이다.

☐ 축산직무의 능력단위

능력단위군	코드명	능력단위명	페이지
축 산		경영관리	69
		사양관리	75
		개량·번식관리	87
		시설환경	93
		육가공	99
		유가공	105

코드명 :
능력단위명 : 경영관리
능력단위 정의 : 이 능력단위는 경영계획, 실행 및 관리, 경영분석 및 평가, 축산물 유통 등을 수행하는 능력이다.

능력단위요소	수 행 준 거
코드명a.1 경영계획하기	1.1 축산물 수요·공급 현황 등 축산업에 대한 전망 자료를 활용할 수 있다. 1.2 축산업 관련산업 현황 등 경쟁우위 확보를 위한 경영전략을 수립할 수 있다. 1.3 환경조건을 고려한 경영입지를 결정할 수 있다. 1.4 복합화, 비교우위 원리 등 경영형태 및 경영조직을 결정할 수 있다. 1.5 손익분기점 분석 등의 자료를 활용하여 경영규모를 설정할 수 있다. 1.6 한육우경영계획을 수립하고 활용할 수 있다. 1.7 낙농경영계획을 수립하고 활용할 수 있다. 1.8 양돈경영계획을 수립하고 활용할 수 있다. 1.9 양계경영계획을 수립하고 활용할 수 있다.
	【지식】 ○ 축산경영의 개념 ○ 경영전략 및 경영계획의 개념 ○ 경쟁우위 및 비교우위의 개념 ○ 수요·공급의 원리 ○ 축산경영계획 이론 ○ 축산경영계획법의 종류 ○ 축산경영조직 및 형태별 특징 ○ 손익분기점의 개념

축 산

Livestock

경영관리

능력단위요소	수 행 준 거
	【기술】 ○ 경영전략 및 계획 수립 능력 【태도】 ○ 창의적인 사고 ○ 문제해결 능력
코드명 a.2 실행 및 관리하기	2.1 축산경영자원의 특징을 파악하고 관리할 수 있다. 2.2 생산요소의 대체관계를 고려하여 생산요소를 결합할 수 있다. 2.3 비용최소화를 위한 생산요소 투입비율을 결정할 수 있다. 2.4 표준화 등을 통해 작업방법을 개선할 수 있다. 2.5 입식 및 출하시기를 조절할 수 있다. 2.6 착유번식사육기록부, 개체별 이력서 등 생산성분석을 위한 기록장을 작성할 수 있다. 2.7 감가상각비 계산 등 투입비용계산을 위한 기록장을 작성할 수 있다. 2.8 손익계산서 및 대차대조표를 작성할 수 있다.
	【지식】 ○ 축산경영자원의 특징 ○ 생산함수의 개념 및 기초이론 ○ 비용함수의 개념 및 기초이론 ○ 생산요소 한계대체율의 개념 ○ 작업표준화 및 협업화의 원리 ○ 감가상각비 등 고정자본재 비용평가방법 ○ 가축, 사료 등 투입요소 관리 ○ 기록관리의 개념 ○ 손익계산서 및 대차대조표의 원리 【기술】 ○ 경영기록 및 투입요소 관리 능력 【태도】 ○ 창의적인 사고 ○ 문제해결 능력

능력단위요소	수행준거
코드명a.3 경영분석 및 평가하기	3.1 축종별 토지·노동·자본생산성을 분석할 수 있다. 3.2 축종별(축산물) 고정비·유동비 등 생산비 및 소득을 분석할 수 있다. 3.3 축종별 경영 안정성을 분석할 수 있다. 3.4 축종별 경영 효율성을 분석할 수 있다. 3.5 축종별 경영 수익성을 분석할 수 있다. 3.6 축종별 경영진단, 분석, 평가 등을 통해 개선방안을 수립할 수 있다.
	【지식】 o 생산비 및 경영비의 개념 　　　　o 생산성 분석의 개념 및 기초이론 　　　　o 축산경영 안정성분석의 개념 및 기초이론 　　　　o 축산경영 효율성분석의 개념 및 기초이론 　　　　o 축산경영 수익성분석의 개념 및 기초이론 　　　　o 축산경영분석의 비교평가방법 【기술】 o 경영분석 및 평가 능력 【태도】 o 창의적인 사고 　　　　o 문제해결 능력 　　　　o 분석적 사고
코드명a.4 축산물유통하기	4.1 축산물 유통의 특징을 분석할 수 있다. 4.2 생축 및 축산물의 유통경로를 확인할 수 있다. 4.3 유통경로별 유통비용과 마진을 분석할 수 있다. 4.4 축산물별 등급결정구조를 고려할 수 있다. 4.5 축산물 브랜드화 전략을 수립할 수 있다. 4.6 생산농가의 축산물 판매관리를 한다.

축 산

Livestock

경영관리

능력단위요소	수 행 준 거
	【지식】 ○ 유통의 개념 ○ 축산물 유통기능 ○ 축산물 시장의 개념과 종류 ○ 유통비용과 마진 ○ 축산물의 가격과 수급전망 ○ 축산물 유통경로 ○ 축산물 상표화 ○ 생산농가의 축산물 판매관리 【기술】 ○ 축산물 유통관리 능력 【태도】 ○ 창의적인 사고 ○ 문제해결 능력 ○ 분석적 사고

◆ 작 업 상 황

고려사항

- 경영목표 달성을 위한 산업분석, 경쟁우위분석 및 경영조직 구성 등 경영전략과 이익계획, 생산계획, 판매계획, 투자계획 등 경영계획을 수립하여야 한다.
- 축산경영자원의 관리, 생산관리, 원가관리, 이익관리, 자금관리 및 기록장을 작성하여야 한다.
- 축종별(축산물) 생산성, 생산비, 소득분석 및 재무제표를 활용한 축산경영의 안정성·효율성·수익성을 분석하고, 종합 평가하여 경영개선방안을 도출하여야 한다.
- 축산물 유통, 유통비용과 마진, 가격과 수급전망, 판매 및 브랜드 관리하여야 한다.

자료 및 관련서류

- 가축육종
- 가축번식생리
- 가축사양
- 사료작물 및 초지학
- 축산경영학 및 축산물가공

- 손익계산서 및 대차대조표
- 국내외의인터넷사이트나, 잡지자료

장비 및 도구(재료 포함)

- 컴퓨터
- 프린터

◆ 평 가 지 침

평가방법

- 평가자는 이 능력단위의 수행준거에 제시되어 있는 내용을 평가하기 위해 이론과 실기를 나누어 평가하거나 종합적인 결과물의 평가 등 다양한 평가 방법을 사용할 수 있다.
- 피 평가자의 과정평가로는 다음의 평가 방법을 권장한다.
  - 일상적인 면담
  - <u>관찰기록모음</u>
  - 학습 일지
  - 자기평가(구두 혹은 글)
  - <u>보고서</u>
  - 행동점검표
- 피 평가자의 결과물 평가로는 다음의 평가 방법을 권장한다.
  - 과제진술과 채점기준이 있는 프로젝트, 포트폴리오
  - <u>교육생의 시범/연구, 조사결과물</u>
  - <u>태도 점검표, 질문지</u>
  - 선다형시험 등

평가시 고려사항

- 평가자는 피 평가자가 수행준거 및 평가내용에 제시되어 있는 내용을 성공적으로 수행할 수 있는지를 평가해야 한다.
- 평가자는 다음사항을 평가해야 한다.
  - 축산경영의 개념
  - 경영전략 및 경영계획의 개념

축 산

Livestock

경영관리

- 경쟁우위 및 비교우위의 개념
- 수요·공급의 원리
- 축산경영계획 이론
- 축산경영조직 및 형태별 특징
- 생산함수의 개념 및 기초이론
- 생산요소 한계대체율의 개념
- 감가상각비 등 고정자본재 비용평가방법
- 손익계산서 및 대차대조표의 원리
- 생산비 및 경영비의 개념
- 축산경영 효율성분석의 개념 및 기초이론
- 축산경영분석의 비교평가방법
- 유통의 개념
- 축산물의 가격과 수급전망
- 생산농가의 축산물 판매관리

코드명 :

능력단위명 : 사양관리

능력단위 정의 : 이 능력단위는 한육우사양관리, 젖소사양관리, 돼지사양관리, 육계사양관리, 산란계사양관리, 조사료생산 및 이용, 질병·방역·위생관리 등을 수행하는 능력이다.

능력단위요소	수행준거
코드명b.1 한·육우사양관리하기	1.1 어미소 상태, 분만실 준비 등 분만관리할 수 있다. 1.2 체표면 건조 확인, 송아지 호흡 확인, 탯줄과 후산 제거, 초유섭취 관리, 제각(뿔 없애기) 등 갓 태어난 송아지를 관리할 수 있다. 1.3 이유방법, 이유사료, 이유시 점검사항 등을 이해하고 적정 이유시기 결정할 수 있다. 1.4 한우 소화생리를 이해하고 우량 밑소 생산, 고급육 생산을 위한 사양을 할 수 있다. 1.5 육성우, 임신우, 분만우에 대한 생육·생리 단계별 적정 사료요구량 및 섭취량을 고려한 사양관리를 할 수 있다. 1.6 번식우의 영양관리의 초점인 적정 신체충실지수를 유지관리 할 수 있다. 1.7 비육 단계별 비육우 증체율과 사료효율증진을 위한 사료 첨가제를 적정 급여할 수 있다. 1.8 우량후보축의 선발과 관리, 우사의 규모와 구조, 우군규모, 사양방법 및 사육우군의 강건성, 축주의 소에 대한 지식정도, 우군의 신체충실도, 번식우에 대한 기록관리, 사료의 종류와 급여방법, 철저한 분만관리 및 송아지의 사양관리 등을 종합적으로 판단하여 육성률을 높이기 위해 관리할 수 있다.

축 산

Livestock

사양관리

능력단위요소	수 행 준 거
	1.9 체중(연령), 농후사료와 조사료 비율, 사료급여량 제한정도, 사료가공형태, 사료의 품질 등에 따라 사료급여횟수를 조절하여 관리할 수 있다. 1.10 각종 질병에 대하여 관찰, 예방, 백신 등 효율적인 관리를 할 수 있다.
	【지식】 ○ 분만관리 및 신생송아지 관리 ○ 이유시기 및 방법 ○ 입식우 관리 ○ 사료의 종류와 특성 【기술】 ○ 한우 사양관리 능력 ○ 조사료 생산기술 능력 【태도】 ○ 창의적인 사고 ○ 문제해결 능력 ○ 분석적 사고
코드명b.2 젖소사양관리하기	2.1 분만 후 배꼽 처치, 초유급여, 인공포유, 질병예방 등 신생송아지를 관리할 수 있다. 2.2 젖소의 소화생리를 이해하고 생육단계별 사료관리, 임신우, 비유단계별, 건유우에 대한 적정 조·농 비율과 요구량 및 섭취량에 맞게 사양관리를 할 수 있다. 2.3 사료섭취량, 미분해단백질 공급, 에너지보충, 반추위 기능 활성화 등 분만전·후 고능력우 사양관리를 할 수 있다. 2.4 육성우, 임신우, 분만우에 대한 생육·생리 단계별 적정 사료요구량 및 섭취량을 고려한 사양관리를 위해 연중 조사료 생산계획을 세우고 준비할 수 있다. 2.5 더위에 대비한 사료관리, 발정관리, 유질관리 등 하절기 젖소관리를 할 수 있다.

축산 / Livestock

능력단위요소	수 행 준 거
	2.6 우군 개량목표에 따른 정액의 선택, 우량 후보축의 선발과 관리, 번식효율을 높이기 위한 예찰과 기록관리, 사료의 종류와 급여방법 등 종합적으로 판단하여 번식률과 육성률을 높이기 위해 관리할 수 있다. 2.7 올바른 착유방법 및 착유위생을 관리할 수 있다. 2.8 올바른 착유시설 세척방법 등 착유시설을 점검할 수 있다. 2.9 가축음용수의 수질, 급수조 설치 등 급수관리를 할 수 있다. 2.10 각종 질병에 대하여 관찰, 예방, 백신 등 효율적인 관리를 할 수 있다.
	【지식】 ○ 어린송아지 관리 　　　　○ 육성우 사양관리 　　　　○ 급수 관리 　　　　○ 사료의 종류와 특성 【기술】 ○ 젖소 사양관리 능력 【태도】 ○ 창의적인 사고 　　　　○ 문제해결 능력 　　　　○ 분석적 사고
코드명b.3 돼지사양관리하기	3.1 모돈에 대한 번식 및 사양관리를 할 수 있다. 3.2 자돈에 대한 사양관리를 할 수 있다. 3.3 육성 비육돈에 대한 사양관리를 할 수 있다. 3.4 고품질 안전 돈육생산을 위해 사양관리 할 수 있다. 3.5 질병이 전파되는 것을 방지하기 위하여 방역 및 소독 관리를 할 수 있다.

사양관리

축 산

능력단위요소	수 행 준 거
	3.6 배합사료 적정 사용비율을 관리할 수 있다. 3.7 효율적인 각종 질병관리를 할 수 있다.
	【지식】 ○ 번식 모돈 사양기술 　　　　○ 자돈 사양기술 　　　　○ 비육돈 사양기술 　　　　○ 질병예방과 방역 【기술】 ○ 양돈 사양관리 능력 【태도】 ○ 창의적인 사고 　　　　○ 문제해결 능력 　　　　○ 분석적 사고
코드명a.4 육계사양관리하기	4.1 계사관리, 육추관리 등 입추전 사양관리를 할 수 있다. 4.2 병아리 도착전 관리, 병아리 도착시 관리, 백신분무, 기록관리 등 입추당일 사양관리를 할 수 있다. 4.3 습도관리, 온도관리, 급수관리, 환기관리, 급이관리 등 2~7일령까지 사양관리를 할 수 있다. 4.4 수의사 방문, 기술지도요원 방문, 백신, 온도와 습도, 급수와 급이 등 8~14일 까지 사양관리 할 수 있다. 4.5 털갈이 시기, 사료교체, 2차 백신, 환기와 습도, 급수관리, 소독, 사료, 중량, 자기진단, 사양기록 등 15~28일령까지 사양관리를 할 수 있다. 4.6 급이관리, 급수관리, 환기관리, 온·습도관리, 중량체크, 질병 및 안전관리 등 29일령~출하전까지 사양관리를 할 수 있다. 4.7 출하일자, 출하시간, 출하관리, 출하후 관리 등 출하당일 사양관리를 할 수 있다. 4.8 효율적인 각종 질병관리를 할 수 있다.

능력단위요소	수 행 준 거
	【지식】 ○ 입추전 관리 ○ 입추당일 관리 ○ 2~7일령까지 관리 ○ 8~14일령까지 관리 ○ 15~28일령까지 관리 ○ 출하당일 관리 【기술】 ○ 육계 사양관리 능력 【태도】 ○ 창의적인 사고 ○ 문제해결 능력 ○ 분석적 사고
코드명b.5 산란계사양관리하기	5.1 육추실 청소, 육추기구, 계사관리 등 입추전 사양관리를 할 수 있다. 5.2 급수관리, 사료관리, 온도관리, 점등관리 등 입추당일 사양관리를 할 수 있다. 5.3 기구, 병아리 풀기, 영양관리, 급수관리, 환기, 사료관리, 점등관리 등 0~4주령까지 사양관리를 할 수 있다. 5.4 체중관리, 영양관리, 상품란 생산관리, 백신접종, 위생관리, 급여, 급수관리, 사료관리, 온도관리, 점등관리, 상태점검 등 4~16주까지 및 28주령까지 사양관리를 할 수 있다 5.5 이동, 체중관리, 영양관리, 낙각질, 급수관리, 사료관리, 점등관리, 상태점검 등 28주령 이후 사양관리를 할 수 있다. 5.6 효율적인 각종 질병관리를 할 수 있다.
	【지식】 ○ 육추기 관리 ○ 육성기 관리 ○ 케이지 육추 및 평사 육추 ○ 영양 관리 ○ 점등 관리

축 산

능력단위요소	수 행 준 거
	○ 위생 관리 ○ 백신접종 【기술】 ○ 산란계 사양관리 능력 【태도】 ○ 창의적인 사고 ○ 문제해결 능력 ○ 분석적 사고
코드명b.6 기타 가축사양관리하기	6.1 말의 입식, 영양특성 및 행동특성 등을 이해하고 사양관리를 할 수 있다. 6.2 염소(산양), 면양, 유산양, 노새, 당나귀 등 초식동물 사양관리를 할 수 있다. 6.3 사슴, 토끼, 개 등의 입식, 영양특성 및 행동특성 등을 이해하고 사양관리를 할 수 있다. 6.4 오리·꿩, 타조, 거위·칠면조 및 메추리 등 가금류에 대한 사양관리를 할 수 있다. 6.5 관상용 조류에 대한 영양특성 및 행동특성 등을 이해하고 사양관리를 할 수 있다. 6.6 꿀벌에 대한 영양특성 및 행동특성 등을 이해하고 사양관리를 할 수 있다. 6.7 기타(오소리, 뉴트리아, 지렁이 등) 사양관리를 할 수 있다.
	【지식】 ○ 각 가축의 품종, 생태적 특성 및 육종 ○ 영양생리, 번식생리 ○ 영양 관리 ○ 사양 관리 【기술】 ○ 가축별 사양관리 능력 【태도】 ○ 창의적인 사고 ○ 문제해결 능력 ○ 분석적 사고

능력단위요소	수행준거
코드명b.7 조사료생산 및 이용하기	7.1 사료작물의 형태적, 유전적 특징을 알고 분류하고 식별할 수 있다. 7.2 사료작물의 육종, 종자의 생산, 등급, 품질의 이해하여 필요한 종자를 구매하고 관리할 수 있다. 7.3 사료작물의 파종량, 파종방법 등을 선택하여 파종할 수 있다. 7.4 기후·토양 조건을 고려하여 토양개량 수준을 정하고 관리 할수 있다. 7.5 작부체계의 의미, 선정시 고려사항, 지역별 작부체계 유형 등 지역별 작부체계를 활용하여 논(답리작)과 밭에서 양질의 조사료를 생산할 수 있다. 7.6 기후 및 토양 환경을 이해하고 초종의 특성과 토양 개량방법을 적용하여 경운초지, 불경운초지 및 임간초지를 조성할 수 있다. 7.7 초지를 채초 및 방목으로 관리·이용할 수 있다. 7.8 건초와 사일리지를 제조하여 이용할 수 있다. 7.9 초지·사료작물의 잡초, 해충, 병해 등 초지를 보호하고 필요에 따라 갱신하고, 조사료관련 가축의 생리적 장애를 극복할 수 있다. 7.10 초지·사료작물을 생산·관리·이용하는데 필요한 시설 및 기계들을 효율적으로 관리하고 이용할 수 있다. 【지식】 ○ 초지법 ○ 농업기상학 ○ 식물육종학 ○ 토양·비료학

축 산

능력단위요소	수 행 준 거
	【기술】 ○ 식물분류학, 식물형태학 ○ 식물영양학 ○ 식물생리·생태학 ○ 종묘기능사 ○ 토양시비처방 ○ 농업기계 【태도】 ○ 창의적인 사고 ○ 문제해결 능력 ○ 분석적 사고
코드명b.8 질병·방역·위생관리하기	8.1 가축 질병을 조기에 발견하여 대처할 수 있다. 8.2 소의 법정 감염병, 일반 감염병, 소화기계의 질병, 대사성 질병, 호흡기계의 질병, 순환기계의 질병, 비뇨기계의 질병, 생식기계의 질병을 발견하여 조치할 수 있다. 8.3 젖소 유방의 질병, 운동기계의 질병, 눈의 질병, 기타의 질병, 중독, 기생충병을 발견하여 조치할 수 있다. 8.4 돼지의 바이러스성, 세균성, 기생충병 등 감염병을 발견하여 조치할 수 있다. 8.5 돼지의 영양장해 및 기타의 질병을 발견하여 조치할 수 있다. 8.6 각종 가금류의 질병을 발견하여 조치할 수 있다. 8.7 감염예방을 위하여 가축 및 축사의 소독을 실시할 수 있다. 8.8 질병예방을 위하여 백신을 실시할 수 있다. 8.9 폐사축에 대한 위생적인 처리를 할 수 있다.

능력단위요소	수 행 준 거
	【지식】 ○ 수의학 ○ 사양학·영양학 ○ 초지, 조사료 【기술】 ○ 수의사 ○ 가축인공수정사 ○ 가축위생사 【태도】 ○ 창의적인 사고 ○ 문제해결 능력 ○ 분석적 사고

◆ 작업상황

고려사항

- 분만 및 신생송아지관리, 이유관리 등 한우에 대한 전반적인 사양관리를 하여야 한다.
- 분만 및 신생송아지관리, 이유관리, 급수관리 등 젖소에 대한 전반적인 사양관리를 하여야 한다.
- 모돈관리, 자돈관리, 비육돈관리, 사료관리 등 양돈 전반에 대한 사양관리를 하여야 한다.
- 입추전관리, 입추당일관리, 2~7일령부터 출하전까지 육계 전반에 대한 사양관리를 하여야 한다.
- 입추전관리, 입추당일관리부터 28주령 이후까지 산란계에 대한 전반적인 사양관리를 하여야 한다.
- 가축별, 입식, 영양특성 및 행동특성을 이해하고 가축으로써의 사양과 관리하여야 한다.
- 사료작물의 분류, 식별, 육종, 종자생산, 기후와 토양을 포함한 생육환경을 이해하고, 주요 사료작물의 특성과 재배 및 이용 기술 습득하고, 초지를 조성하고 관리하며 이용하여야 한다.
- 소, 돼지, 가금류의 질병의 원인, 경과와 예후, 치료방법 및 예방에 대한 기본 지식을 이해하고 축종별 법정 감염병과 일반 감염병을 효과적으로 예방하고 조기에 발견하여 조치하여야 한다.

축 산

Livestock

사양관리

자료 및 관련서류

- 가축육종
- 가축번식생리
- 가축사양
- 사료작물 및 초지
- 축산경영 및 축산물가공
- 사료성분표
- 국내외의인터넷사이트나, 잡지자료

장비 및 도구(재료 포함)

- 컴퓨터
- 코뚜레 봉
- 쇠꼬챙이
- 절단기
- 글리세린
- 계량기
- 착유기
- 우유탱크
- 세척수
- 초음파 등 지방 측정기
- 검란기
- 전기납땜 인두
- 접시저울
- 알코올 및 탈지면
- 프린터
- 보정용 밧줄
- 쇠솔
- 각도기
- 분쇄 및 파쇄기
- 혼합기기
- 우유검사컵
- 소독수 및 지혈제
- 보정틀
- 가위
- 부리절단기
- 달걀 선별기
- 예방백신 및 주사바늘
- 주사기
- 목초·사료작물 종자, 초종의 특징이 나타나는 사진 또는 그림

◆ 평 가 지 침

평가방법

- 평가자는 이 능력단위의 수행준거에 제시되어 있는 내용을 평가하기 위해 이론과 실기를 나누어 평가하거나 종합적인 결과물의 평가 등 다양한 평가 방법을 사용할 수 있다.

- 피 평가자의 과정평가로는 다음의 평가 방법을 권장한다.
  - 일상적인 면담
  - **관찰기록모음**
  - 학습 일지
  - 자기평가(구두 혹은 글)
  - **보고서**
  - 행동점검표
- 피 평가자의 결과물 평가로는 다음의 평가 방법을 권장한다.
  - 과제진술과 채점기준이 있는 프로젝트, 포트폴리오
  - **교육생의 시범/연구, 조사결과물**
  - **태도 점검표, 질문지**
  - 선다형시험 등

평가시 고려사항

- 평가자는 피 평가자가 수행준거 및 평가내용에 제시되어 있는 내용을 성공적으로 수행할 수 있는지를 평가해야 한다.
- 평가자는 다음사항을 평가해야 한다.
  - 분만관리 및 신생송아지 관리
  - 이유시기 및 방법
  - 사료의 종류와 특성
  - 육성우 사양관리
  - 어린송아지 관리
  - 급수 관리
  - 번식 모돈 사양기술
  - 자돈 사양기술
  - 질병예방과 방역
  - 입추전 관리
  - 입추당일 관리
  - 출하당일 관리
  - 육추기 관리
  - 육성기 관리
  - 영양 관리
  - 위생 관리
  - 각 가축의 품종, 생태적 특성 및 육종
  - 영양생리, 번식생리

축 산

Livestock

- 초지법
- 농업기상학
- 식물육종학
- 토양·비료학
- 식물영양학
- 수의학
- 사양학·영양학
- 초지, 조사료

사양관리

코드명 :
능력단위명 : 개량·번식관리
능력단위 정의 : 이 능력단위는 소 개량 및 번식관리, 돼지 개량 및 번식관리, 가금 개량 및 번식관리, 기타 가축 개량 및 번식 등을 수행하는 능력이다.

능력단위요소	수 행 준 거
코드명c.1 **소 개량 및 번식관리하기**	1.1 사용목적에 맞는 품종 선택을 할 수 있다. 1.2 우수한 개체를 선발하여 이들 간 교배를 통하여 소의 능력을 개량할 수 있다. 1.3 번식 및 송아지생산기록에서 발생되는 부모 기록 및 출생일 등 혈통자료를 기록할 수 있다. 1.4 인공수정, 임신상태, 분만 등 암소를 개량하기 위하여 농가보유축군 내의 번식능력 기록할 수 있다. 1.5 생시 체중, 이유시 체중, 12개월 및 18개월 체중, 체위, 신체충실지수, 번식우 몸상태, 영양소와 번식우 등 발육자료를 기록할 수 있다. 1.6 번식용 암송아지 고르기, 육성기 미경산우 사양관리, 번식적령기 등 육성우 사양을 관리할 수 있다. 1.7 한우 암소의 임신기간, 임신 중의 한우 암소관리, 백신 접종, 계획분만 등 임신우를 사양관리를 할 수 있다. 1.8 분만 후 발정재귀, 분만 전·후 사양관리를 할 수 있다.
	【지식】 ○ 소의 발정행동 특징 ○ 개방식 우사의 발정확인 방법 ○ 육성우의 적정 종부시기 결정 ○ 소의 발정 및 배란 동기화 ○ 저수태우 예방 및 치료 【기술】 ○ 번식 사양관리 능력

축 산

능력단위요소	수행준거
	【태도】 ㅇ 창의적인 사고 ㅇ 문제해결 능력 ㅇ 분석적 사고
코드명 c.2 돼지 개량 및 번식관리하기	2.1 사육목적에 맞게 품종선택을 할 수 있다. 2.2 우수한 개체를 선발하여 이들 간 교배를 통하여 돼지의 능력을 개량할 수 있다. 2.3 모돈의 관리를 할 수 있다. 2.4 인공수정, 교배, 배란수 늘리는 방법 등을 관리할 수 있다. 2.5 분만전(3주~5일전), 분만직전(5일전), 분만중, 분만후(72시간까지) 관리를 할 수 있다. 2.6 초유의 급여, 철분공급, 포유 및 위탁포유 등 분만자돈을 관리할 수 있다. 2.7 이유시기, 이유 전·후 온도관리, 포유관리, 설사 발생원인 및 대책 등 자돈을 관리할 수 있다. 2.8 균일한 자돈 생산을 위한 사료급여를 할 수 있다. 2.9 모돈군의 산차구성, 모돈군의 도태를 실시할 수 있다. 2.10 이상적인 수퇘지를 관리할 수 있다.
	【지식】 ㅇ 돼지의 품종과 특징 ㅇ 종돈개량 방법 ㅇ 규격돈 생산을 위한 교배 ㅇ 분만관리 【기술】 ㅇ 번식 사양관리 능력 【태도】 ㅇ 창의적인 사고 ㅇ 문제해결 능력 ㅇ 분석적 사고

능력단위요소	수행준거
코드명c.3 가금 개량 및 번식관리 하기	3.1 사육목적에 맞게 품종선택을 할 수 있다. 3.2 우수한 개체를 선발하여 이들 간 교배를 통하여 가금의 능력을 개량할 수 있다. 3.3 부화전 종란을 크기별로 분류하고 불량란을 제거할 수 있다. 3.4 종란을 부화기의 배열판에 가지런히 배열할 수 있다. 3.5 규정된 온도, 습도, 환기를 부화기의 조정판에 맞출 수 있다. 3.6 일주일 후 수정여부를 검사할 수 있다. 3.7 부화기의 온도계, 습도계, 부화실 내의 환기상태를 관찰할 수 있다. 3.8 주기적으로 종란을 굴려주고 일정기간이 지나면 발생기계로 옮겨줄 수 있다. 3.9 알에서 깨어 나오면 보온란을 인공부화실로 새끼를 옮길 수 있다. 3.10 성별, 등급을 구별하고 확인할 수 있도록 준비할 수 있다. 3.11 일정수량씩 상자에 넣어 포장할 수 있다. 3.12 세균오염 방지를 위해 주기적으로 부화 실내를 소독하고 청소할 수 있다. 【지식】 ○ 부화기의 최적온습도 　　　　　○ 환기 　　　　　○ 난위 및 전란 　　　　　○ 종란 및 부화기 소독

축 산

Livestock

능력단위요소	수 행 준 거
	【기술】 ○ 인공부화 능력 【태도】 ○ 창의적인 사고 　　　　○ 문제해결 능력 　　　　○ 분석적 사고
코드명c.4 기타 가축개량 및 번식하기	4.1 사육 목적에 맞게 말의 품종을 선택하여 번식을 시킬 수 있다. 4.2 사육 목적에 맞게 사슴의 품종을 선택하여 번식을 시킬 수 있다. 4.3 사육 목적에 맞게 산양의 품종을 선택하여 번식을 시킬 수 있다. 4.4 사육 목적에 맞게 면양의 품종을 선택하여 번식을 시킬 수 있다. 4.5 사육 목적에 맞게 개의 품종을 선택하여 번식을 시킬 수 있다. 4.6 사육 목적에 맞게 토끼의 품종을 선택하여 번식을 시킬 수 있다.
	【지식】 ○ 오리의 품종과 특성 　　　　○ 사슴의 품종과 특성 　　　　○ 염소의 품종과 특성 　　　　○ 번식관리 【기술】 ○ 가축의 번식기술 【태도】 ○ 창의적인 사고 　　　　○ 문제해결 능력 　　　　○ 분석적 사고

개량·번식관리

◆ 작업상황

고려사항

- 혈통자료, 번식자료, 발육자료 등 개량 및 번식관리 하여야 한다.
- 모돈의 생산성, 경제적인 발육, 육질의 개선 등을 목적으로 배란수, 산자수, 생시체 중, 사료섭취량 등 유전적인 변화를 통하여 번식관리하여야 한다.
- 인위적으로 온도, 습도, 환기 등을 조절하여 알에서 병아리를 깨도록 하여야 한다.
- 기타 가축개량 및 번식을 하여야 한다.

자료 및 관련서류

- 가축육종
- 가축번식생리
- 가축사양
- 사료작물 및 초지학
- 축산경영 및 축산물가공
- 국내외의인터넷사이트나, 잡지자료

장비 및 도구(재료 포함)

- 컴퓨터
- 정액채취컵
- 가위
- 식물성 기름
- 탯줄 절단용 가위
- 달걀 선별기
- 접시저울
- 프린터
- 비닐장갑
- 에코 임신진단기
- 보정틀
- 실
- 난칭
- 검란기

◆ 평가지침

평가방법

- 평가자는 이 능력단위의 수행준거에 제시되어 있는 내용을 평가하기 위해 이론과 실기를 나누어 평가하거나 종합적인 결과물의 평가 등 다양한 평가 방법을 사용할

축 산

수 있다.
- 피 평가자의 과정평가로는 다음의 평가 방법을 권장한다.
  - 일상적인 면담
  - **관찰기록모음**
  - 학습 일지
  - 자기평가(구두 혹은 글)
  - **보고서**
  - 행동점검표
- 피 평가자의 결과물 평가로는 다음의 평가 방법을 권장한다.
  - 과제진술과 채점기준이 있는 프로젝트, 포트폴리오
  - **교육생의 시범/연구, 조사결과물**
  - **태도 점검표, 질문지**
  - 선다형시험 등

평가시 고려사항

- 평가자는 피 평가자가 수행준거 및 평가내용에 제시되어 있는 내용을 성공적으로 수행할 수 있는지를 평가해야 한다.
- 평가자는 다음사항을 평가해야 한다.
  - 소의 발정행동 특징
  - 개방식 우사의 발정확인 방법
  - 성우의 적정 종부시기 결정
  - 소의 발정 및 배란 동기화
  - 돼지의 품종과 특징
  - 종돈개량 방법
  - 규격돈 생산을 위한 교배
  - 분만관리
  - 부화기의 최적온습도
  - 난위 및 전란
  - 종란 및 부화기 소독
  - 오리의 품종과 특성
  - 사슴의 품종과 특성
  - 염소의 품종과 특성

코드명 :

능력단위명 : 시설환경

능력단위 정의 : 이 능력단위는 우사설치 및 관리, 돈사설치 및 관리, 계사설치 및 관리, 기타 가축사설치 및 관리, 가축분뇨처리 등을 수행하는 능력이다.

능력단위요소	수 행 준 거
코드명d.1 우사 설치 및 관리하기	1.1 지역 선정, 장소 선정, 축사 방위, 축사와 축사 간의 거리 등을 고려하여 사육시설 설치를 위한 입지를 선정할 수 있다. 1.2 온도, 습도, 환기, 사육 면적, 급수, 급이 시설 등을 고려하여 사육 시설을 배치할 수 있다. 1.3 자료 수집 및 준비, 예비 설계, 본 설계 등의 사육 시설 설계를 의뢰할 수 있다. 1.4 사육 시설 건축에 대한 각종 인·허가를 받을 수 있다. 1.5 사육 시설의 시공 과정에 대한 감독을 하며 완공 후 검수를 실시할 수 있다. 1.6 우사 내 온도, 습도, 환기 등 최적의 사육 환경 조건이 유지되고 있는 지를 확인할 수 있다. 1.7 사료 급여 장치와 급수기가 잘 작동되고 있는 지를 확인할 수 있다. 1.8 분뇨제거 장치가 잘 작동되고 있는지를 확인할 수 있다. 1.9 착유장치가 잘 작동되고 있는지를 확인할 수 있다. 1.10 우사 내 사육 환경 시설에 문제점이 발생한 경우 정상적으로 작동될 수 있도록 조치할 수 있다. 1.11 사육 시설에 대한 화재 예방, 전기 안전 대책을 수립할 수 있다.

축 산

Livestock

개량·번식 관리

능력단위요소	수 행 준 거
	【지식】 ○ 우사설치 ○ 우사환기 ○ 우사분뇨처리 【기술】 ○ 축사설치능력 【태도】 ○ 창의적인 사고 ○ 문제해결 능력 ○ 분석적 사고
코드명d.2 돈사 설치 및 관리하기	2.1 지역 선정, 장소 선정, 축사 방위, 축사와 축사 간의 거리 등을 고려하여 사육시설 설치를 위한 입지를 선정할 수 있다. 2.2 온도, 습도, 환기, 사육 면적, 급수, 급이 시설 등을 고려하여 사육 시설을 배치할 수 있다. 2.3 자료 수집 및 준비, 예비 설계, 본 설계 등의 사육 시설 설계를 의뢰할 수 있다. 2.4 사육 시설 건축에 대한 각종 인·허가를 받을 수 있다. 2.5 사육 시설의 시공 과정에 대한 감독을 하며 완공 후 검수를 실시할 수 있다. 2.6 돈사 내 온도, 습도, 환기 등 최적의 사육 환경 조건이 유지되고 있는 지를 확인할 수 있다. 2.7 사료 급여 장치와 급수기가 잘 작동되고 있는 지를 확인할 수 있다. 2.8 분뇨제거 장치가 잘 작동되고 있는지를 확인할 수 있다. 2.9 돈사 내 사육 환경 시설에 문제점이 발생한 경우 정상적으로 작동될 수 있도록 조치할 수 있다. 2.10 사육 시설에 대한 화재 예방, 전기 안전 대책을 수립할 수 있다.

능력단위요소	수행준거
	【지식】 ○ 돈사설치 ○ 돈사환기 ○ 돈사분뇨처리 【기술】 ○ 축사설치능력 【태도】 ○ 창의적인 사고 ○ 문제해결 능력 ○ 분석적 사고
코드명d.3 계사 설치 및 관리하기	3.1 지역 선정, 장소 선정, 축사 방위, 축사와 축사 간의 거리 등을 고려하여 사육시설 설치를 위한 입지를 선정할 수 있다. 3.2 온도, 습도, 환기, 사육 면적, 급수, 급이 시설 등을 고려하여 사육 시설을 배치할 수 있다. 3.3 자료 수집 및 준비, 예비 설계, 본 설계 등의 사육 시설 설계를 의뢰할 수 있다. 3.4 사육 시설 건축에 대한 각종 인·허가를 받을 수 있다. 3.5 사육 시설의 시공 과정에 대한 감독을 하며 완공 후 검수를 실시할 수 있다. 3.6 계사 내 온도, 습도, 환기 등 최적의 사육 환경 조건이 유지되고 있는 지를 확인할 수 있다. 3.7 사료 급여 장치와 급수기가 잘 작동되고 있는 지를 확인할 수 있다. 3.8 분뇨제거 장치가 잘 작동되고 있는지를 확인할 수 있다. 3.9 계사 내 사육 환경 시설에 문제점이 발생한 경우 정상적으로 작동될 수 있도록 조치할 수 있다. 3.10 부화시설이 잘 작동되고 있는지를 확인할 수 있다.

축산

능력단위요소	수 행 준 거
	3.11 집란, 선란시설이 잘 작동되고 있는지를 확인할 수 있다.
	3.12 사육 시설에 대한 화재 예방, 전기 안전 대책을 수립할 수 있다.
	【지식】 o 계사설치 　　　　o 계사환기 　　　　o 계사분뇨처리 【기술】 o 축사설치능력 【태도】 o 창의적인 사고 　　　　o 문제해결 능력 　　　　o 분석적 사고
코드명d.4 가축분뇨처리하기	4.1 축종별, 규모별 분뇨처리 방법을 결정할 수 있다. 4.2 축산분뇨 배출시설에 대한 설치 허가를 받을 수 있다. 4.3 축산분뇨 처리시설을 설치할 수 있다. 4.4 축산분뇨 처리시설을 운용할 수 있다. 4.5 축산분뇨를 이용할 수 있다.
	【지식】 o 사육 규모별 분뇨 처리 기준 　　　　o 축산분뇨 민원 절차 【기술】 o 가축분뇨처리기술 【태도】 o 창의적인 사고 　　　　o 문제해결 능력 　　　　o 분석적 사고

개량·번식관리

◆ 작업상황

고려사항

- 우사 건축전 사전검토, 설치계획, 축사설계, 축사설치, 환기시설, 분뇨처리 등을 하여야 한다.
- 돈사 건축전 사전검토, 설치계획, 축사설계, 축사설치, 환기시설, 분뇨처리 등을 하여야 한다.
- 계사 건축전 사전검토, 설치계획, 축사설계, 축사설치, 환기시설, 분뇨처리 등을 하여야 한다.
- 축사의 청결유지를 위한 분뇨처리를 하여야 한다.

자료 및 관련서류

- 가축육종
- 사료작물 및 초지학
- 축산경영 및 축산물가공
- 국내외의인터넷사이트나, 잡지자료

장비 및 도구(재료 포함)

- 온도계
- 습도계
- 환기장치
- 가스검지기
- 가스검지관
- 기록장
- 조명기구
- 저울
- 톱밥
- 가축분뇨(물에 젖은 화장지등으로 대체가능)
- 발효조 용기(20ℓ)
- 공기유량계

축 산

◆ 평 가 지 침

평가방법

- 평가자는 이 능력단위의 수행준거에 제시되어 있는 내용을 평가하기 위해 이론과 실기를 나누어 평가하거나 종합적인 결과물의 평가 등 다양한 평가 방법을 사용할 수 있다.
- 피 평가자의 과정평가로는 다음의 평가 방법을 권장한다.
  - 일상적인 면담
  - <u>관찰기록모음</u>
  - 학습 일지
  - 자기평가(구두 혹은 글)
  - <u>보고서</u>
  - 행동점검표
- 피 평가자의 결과물 평가로는 다음의 평가 방법을 권장한다.
  - 과제진술과 채점기준이 있는 프로젝트, 포트폴리오
  - <u>교육생의 시범/연구, 조사결과물</u>
  - <u>태도 점검표, 질문지</u>
  - 선다형시험 등

평가시 고려사항

- 평가자는 피 평가자가 수행준거 및 평가내용에 제시되어 있는 내용을 성공적으로 수행할 수 있는지를 평가해야 한다.
- 평가자는 다음사항을 평가해야 한다.
  - 우사설치
  - 우사환기
  - 우사분뇨처리
  - 돈사설치
  - 돈사환기
  - 돈사분뇨처리
  - 계사설치
  - 계사환기
  - 계사분뇨처리
  - 축사설치
  - 축사환기
  - 사육 규모별 분뇨 처리 기준
  - 축산분뇨 민원 절차

코드명 :

능력단위명 : 육가공

능력단위 정의 : 이 능력단위는 도살, 지육관리, 발골·정형, 육제품, 완제품출고 등을 수행하는 능력이다.

능력단위요소	수행준거
코드명e.1 도살하기	1.1 계류, 기절, 방혈, 탈모, 박피, 두·내장 분리, 2분할을 할 수 있다. 1.2 도체를 위생적으로 세척할 수 있다. 1.3 도체의 판정·방법 등을 확인할 수 있다. 1.4 도축장의 위생환경을 확인할 수 있다. 1.5 도체를 냉각시킬 수 있다. 【지식】 ○ 가축의 생리 ○ 가축의 기절방법(타격법, 전살법, 총살법) ○ 방혈효과 ○ 도축장 위생 ○ 미생물학 ○ 식육의 사후변화 ○ 가축의 질병 ○ 냉장, 냉동의 원리 ○ 도체 검사 기준 ○ 등급 판정 기준 【기술】 ○ 도축기술 【태도】 ○ 창의적인 사고 ○ 문제해결 능력 ○ 분석적 사고
	2.1 도축시 지육에 대한 미생물 오염 방지를 위해 지육에 대한 미생물 검사 또는 검사성적서(기록)를 확인할 수 있다.

축산

Livestock

육가공

능력단위요소	수행준거
코드명e.2 지육관리하기	2.2 도축시 지육에 대한 미생물 오염 방지를 위해 운반 차량 및 중심부 온도를 확인할 수 있다. 2.3 이물질(주사바늘 등)이 지육에 포함되지 않도록 검사할 수 있다. 2.4 잔류물질(설파제 등)이 있는지 가축위생시험소에서 정기적으로 검사할 수 있도록 의뢰할 수 있다. 2.5 포장재 반입시 이물질에 대한 육안검사 및 검사성적서를 확인할 수 있다. 2.6 병원균을 예방을 위해 방충, 방서를 실시할 수 있다. 2.7 포장재를 바닥에 직접 접촉되지 않도록 보관할 수 있다. 2.8 지육보관장의 온도를 유지·관리할 수 있다. 2.9 도체간 간격을 유지·관리할 수 있다. 2.10 보관장 반입 후 3일 이내 처리할 수 있다. 2.11 지육운반 통로 및 레일 정기점검 및 청소를 유지할 수 있다. 2.12 작업자 장갑 등 청결관리를 할 수 있다.
	【지식】 ㅇ 미생물 오염 　　　　ㅇ 미생물 검사 　　　　ㅇ 보관온도 【기술】 ㅇ 미생물 검사 능력 【태도】 ㅇ 창의적인 사고 　　　　ㅇ 문제해결 능력 　　　　ㅇ 분석적 사고

능력단위요소	수 행 준 거
코드명e.3 발골·정형하기	3.1 작업 전·중·후 세척 및 소독 실시할 수 있다. 3.2 칼의 경우 수시로 소독을 실시할 수 있다. 3.3 가공실 온도를 15℃이하로 유지·관리할 수 있다. 3.4 정기적인 미생물검사(낙하균 포함)를 의뢰할 수 있다. 3.5 이물질이 가공중 기계, 기구, 작업자 등에 의해 혼입되는 것을 방지할 수 있다. 3.6 sealing상태, 진공압, 열·냉수 온도등 포장불량 제품을 확인할 수 있다. 3.7 금속 등 이물질이 가공중 혼입 또는 원료육에 존재하는지 육안검사 또는 금속탐지기에 의한 검사를 한다.
	【지식】 ○ 절단 　　　　○ 발골 　　　　○ 정형 【기술】 ○ 절단/발골/정형 능력 【태도】 ○ 창의적인 사고 　　　　○ 문제해결 능력 　　　　○ 분석적 사고
코드명e.4 육제품만들기	4.1 원료육의 이화학적 특성을 파악할 수 있다. 4.2 부재료를 첨가할 수 있다. 4.3 염지를 할 수 있다. 4.4 분쇄, 혼합, 유화, 충전을 할 수 있다. 4.5 가열 및 훈연을 할 수 있다.
	【지식】 ○ 가공기계 구조 및 작동원리의 이해

축 산

능력단위요소	수 행 준 거	
	【기술】	○ 각 공정별 작업표준의 숙지 ○ 육제품의 종류와 제조방법 ○ 육가공 설비와 가공원리 ○ 유화물의 특성과 가공적성 ○ 소시지의 종류와 품질특성 ○ 소시지 제조공정에 따른 분류 ○ 가공 기계의 분해·조립기능 ○ 나이프 등 부품의 연마·유지 관리 기술 ○ 기계 설비의 운전 및 유지·보수 ○ 각 공정별 제조기술 ○ 제조 공정 중 품질 평가 기술
	【태도】	○ 창의적인 사고 ○ 문제해결 능력 ○ 분석적 사고
코드명 e.5 완제품출고하기	5.1 보관장의 온도를 유지·관리할 수 있다. 5.2 완제품의 포장상태 등을 포함한 검사를 실시할 수 있다. 5.2 출고 및 상차시 온도 및 시간 관리를 할 수 있다.	
	【지식】	○ 완재품 보관 ○ 출고관리
	【기술】	○ 완재품 보관능력
	【태도】	○ 창의적인 사고 ○ 문제해결 능력 ○ 분석적 사고

◆ 작 업 상 황

고려사항

- 축산물위생처리법에 의거하여 위생적인 설비를 갖춘 도축시설에서 도살·해체 처리를 할 수 있다.

- 미생물 오염 등 위해요인을 사전검사 및 지육보관, 지육출고, 청결유지 등 관리할 수 있다.
- 육류와 접촉된 기구(칼, 도마, 컨베이어 등) 및 손(목장갑)에 의한 병원균, 이물질 등 오염을 사전에 방지하고, 포장시 불량포장 제품 확인과 이물질 혼입 방지를 위한 육안검사 등을 할 수 있다.
- 육제품을 만들기 위해 원료육의 특성, 분쇄, 혼합, 유화, 충전, 가열, 훈연 등을 할 수 있다.
- 완재품 보관장의 온도유지와 출고 및 상차시 온도 및 시간 관리를 할 수 있다.

자료 및 관련서류

- 축산경영 및 축산물가공
- 국내외의인터넷사이트나, 잡지자료

장비 및 도구(재료 포함)

- 컴퓨터
- 프린터
- 운송차량
- 도축장비
- 냉장시설
- 내장처리시설
- 전자렌지 및 냉장고
- 진공포장기

◆ 평 가 지 침

평가방법

- 평가자는 이 능력단위의 수행준거에 제시되어 있는 내용을 평가하기 위해 이론과 실기를 나누어 평가하거나 종합적인 결과물의 평가 등 다양한 평가 방법을 사용할 수 있다.
- 피 평가자의 과정평가로는 다음의 평가 방법을 권장한다.
  - 일상적인 면담
  - <u>관찰기록모음</u>

축 산

- 학습 일지
- 자기평가(구두 혹은 글)
- **보고서**
- 행동점검표
• 피 평가자의 결과물 평가로는 다음의 평가 방법을 권장한다.
  - 과제진술과 채점기준이 있는 프로젝트, 포트폴리오
  - **교육생의 시범/연구, 조사결과물**
  - **태도 점검표, 질문지**
  - 선다형시험 등

평가시 고려사항

• 평가자는 피 평가자가 수행준거 및 평가내용에 제시되어 있는 내용을 성공적으로 수행할 수 있는지를 평가해야 한다.
• 평가자는 다음사항을 평가해야 한다.
  - 가축의 생리
  - 가축의 기절방법(타격법, 전살법, 총살법)
  - 식육의 사후변화
  - 가축의 질병
  - 도체 검사 기준
  - 등급 판정 기준
  - 미생물 오염
  - 미생물 검사
  - 보관온도
  - 절단
  - 발골
  - 정형
  - 가공기계 구조 및 작동원리의 이해
  - 각 공정별 작업표준의 숙지
  - 육제품의 종류와 제조방법
  - 육가공 설비와 가공원리
  - 유화물의 특성과 가공적성
  - 소시지의 종류와 품질특성
  - 완재품 보관
  - 출고관리

코드명 :

능력단위명 : 유가공

능력단위 정의 : 이 능력단위는 원유수송 및 검사, 시유제조, 유제품제조, 완제품 출고 등을 수행하는 능력이다.

능력단위요소	수행준거
코드명f.1 원유 수송 및 검사하기	1.1 원유저장고의 청결상태를 확인할 수 있다. 1.2 원유의 품질 등급기준을 이해하고 관리할 수 있다. 1.3 비중검사를 실시하여 우유에 수분첨가를 검사할 수 있다. 1.4 주정검사를 실시하여 이상유를 감별할 수 있다. 1.5 기타 위해요소가 없는지 확인할 수 있다.
	【지식】 ○ 집유 과정과 원유 저장 ○ 저온 미생물의 성장과 사멸 ○ 비중검사 및 결과분석 ○ 주정검사 및 결과 분석 【기술】 ○ 집유 시스템의 운영기술 ○ 검사능력 【태도】 ○ 창의적인 사고 ○ 문제해결 능력 ○ 분석적 사고
코드명f.2 시유 만들기	2.1 청정작업을 관리하며, 원유의 오염물질과 상태를 확인할 수 있다. 2.2 표준화 작업을 실시하며, 우유의 지방함량을 조절할 수 있다. 2.3 균질작업이 정상적으로 이루어지고 크림 층 형성이 없는지 확인할 수 있다. 2.4 살균 및 멸균과정을 점검하고 작동온도가 적절한지 확인한다.

축산

Livestock

유가공

능력단위요소	수행준거
	2.5 냉각, 충전 후 포장상태에 불량이 없는지 확인할 수 있다.
	2.6 시유제조 공정을 이해하고 관리할 수 있다.
	【지식】 ○ 청정기의 작동원리 ○ 표준화 방법 ○ 균질의 효과 및 균질기 작동원리 ○ 살균 및 멸균방법과 미생물 관리 【기술】 ○ 원유관리 능력 ○ 청정기 및 균질기 작동기술 ○ 살균 및 멸균장치 관리기술 ○ 기타 시유제조 장비관리능력 【태도】 ○ 창의적인 사고 ○ 문제해결 능력 ○ 분석적 사고
코드명f.3 유제품 만들기	3.1 작업장 및 가공용 기구의 청결상태를 확인할 수 있다.
	3.2 원료유, 첨가물, 스타터 및 기타 균주의 보관상태를 확인할 수 있다.
	3.3 박테리아파지의 감염이 없는지 확인할 수 있다.
	3.4 원료유의 품질등급을 확인할 수 있다.
	3.5 버터제조 공정을 이해하고 관리할 수 있다.
	3.6 스타터를 계대 배양하여 활성을 증가시킬 수 있다.
	3.7 박테리오파지의 감염을 예방하며 발효과정을 관리할 수 있다.
	3.8 치즈제조 공정을 이해하고 관리할 수 있다.
	3.9 치즈의 특성을 이해하고, 종류별로 분류할 수 있다

능력단위요소	수 행 준 거
	3.10 발효유의 특성을 이해하고 종류별로 분류할 수 있다.
	3.11 분유, 연유, 아이스크림의 제조공정을 이해하고 관리할 수 있다.
	【지식】 ○ 살균 및 멸균 ○ 유당핵 접종과 갈변화 ○ 저장 및 숙성 중의 성분변화 【기술】 ○ 크림 및 버터, 아이스크림 제조 및 관리기술 ○ 농축유, 분유 제조 및 관리기술 ○ 치즈, 발효유 등 발효제품 제조 및 관리기술 【태도】 ○ 창의적인 사고 ○ 문제해결 능력 ○ 분석적 사고
코드명f.4 완제품 출고하기	4.1 완제품의 포장상태를 확인한다. 4.2 보관실의 온도유지를 확인한다. 4.3 출고 및 유통 중에 온도와 저장기간 등을 확인한다. 4.4 우유 및 유제품의 유통 중의 주의사항 등을 이해하고 관리할 수 있다.
	【지식】 ○ 제품별 보관온도 ○ 출고 및 유통 시 제품별 주의사항 ○ 포장상태 및 표시의 적합성 【기술】 ○ 완제품 관리능력 【태도】 ○ 창의적인 사고 ○ 문제해결 능력 ○ 분석적 사고

축 산

◆ 작업상황

고려사항

- 원유의 위생적 수송 및 저장, 저장 중의 품질저하 방지, 이물질 혼입방지를 통하여 원유를 효과적으로 관리할 수 있다.
- 시유제조 전 과정을 이해하고 우수한 제품 생산공정을 관리할 수 있다.
- 각종 유제품을 만들 수 있으며, 제조상의 문제점을 해결할 수 있다.
- 최종 완제품의 포장 등을 검사하고 완제품의 보관실의 온도유지 및 청결상태를 확인하며, 유통 중의 온도를 제품별로 관리할 수 있다.

자료 및 관련서류

- 축산경영학 및 축산물가공학
- 국내외의인터넷사이트나, 잡지자료

장비 및 도구(재료 포함)

- 컴퓨터
- 프린터
- 운송차량
- 냉장시설
- 전자렌지 및 냉장고
- 진공포장기

◆ 평가지침

평가방법

- 평가자는 이 능력단위의 수행준거에 제시되어 있는 내용을 평가하기 위해 이론과 실기를 나누어 평가하거나 종합적인 결과물의 평가 등 다양한 평가 방법을 사용할 수 있다.
- 피 평가자의 과정평가로는 다음의 평가 방법을 권장한다.
  - 일상적인 면담

- <u>관찰기록모음</u>
- 학습 일지
- 자기평가(구두 혹은 글)
- <u>보고서</u>
- 행동점검표
• 피 평가자의 결과물 평가로는 다음의 평가 방법을 권장한다.
  - 과제진술과 채점기준이 있는 프로젝트, 포트폴리오
  - <u>교육생의 시범/연구, 조사결과물</u>
  - <u>태도 점검표, 질문지</u>
  - 선다형시험 등

평가시 고려사항

• 평가자는 피 평가자가 수행준거 및 평가내용에 제시되어 있는 내용을 성공적으로 수행할 수 있는지를 평가해야 한다.
• 평가자는 다음사항을 평가해야 한다.
  - 집유 과정과 원유 저장
  - 저온 미생물의 성장과 사멸
  - 비중검사 및 결과분석
  - 주정검사 및 결과 분석
  - 청정기의 작동원리
  - 표준화 방법
  - 균질의 효과 및 균질기 작동원리
  - 살균 및 멸균방법과 미생물 관리
  - 살균 및 멸균
  - 유당핵 접종과 갈변화
  - 저장 및 숙성 중의 성분변화
  - 제품별 보관온도
  - 출고 및 유통 시 제품별 주의사항
  - 포장상태 및 표시의 적합성

축산

<부 록>

■ 축산 직무구조도

책무 (Duty)	작업 (Task)					
A 경영관리	A-1 경영계획 하기	A-2 실행 및 관리하기	A-3 경영분석 및 평가하기	A-4 축산물 유통하기		
B. 사양관리	B-1 한·육우 사양관리하기	B-2 젖소 사양관리하기	B-3 돼지 사양관리하기	B-4 육계 사양관리하기	B-5 산란계 사양관리하기	B-6 기타 가축 사양관리하기
	B-7 조사료생산 및 이용하기	B-8 질병예방하기				
C. 개량·번식 관리	C-1 소 개량 및 번식관리하기	C-2 돼지 개량 및 번식관리하기	C-3 가금 개량 및 번식관리하기	C-4 기타 가축 개량 및 번식하기		
D. 시설환경	D-1 우사 설치 및 관리하기	D-2 돈사 설치 및 관리하기	D-3 계사 설치 및 관리하기	D-4 축분뇨관리하기		
E. 육가공	E-1 도살하기	E-2 지육관리하기	E-3 발골/정형 하기	E-4 육제품만들기	E-5 완제품출고 하기	
F. 유가공	F-1 원유 수송 및 검사하기	F-2 시유 만들기	F-3 유제품 만들기	F-4 완제품 출고하기		

직무분석 V

25 안전관리

NCS개발 서식을 활용한
(화재감식평가)직종 직무분석
(Fire Investigation & Evaluation)

2012

화재감식평가 능력단위군

☐ 화재감식평가 직무의 정의

화재감식평가는 화재원인의 규명과 판정을 위하여 전문적인 지식, 기술 및 경험을 바탕으로 구체적인 사실관계를 명확하게 하는 일이다.

☐ 화재감식평가 직무의 능력단위

능력단위군	코드명	능력단위명	페이지
화재감식평가		화재상황조사	117
		예비조사	122
		발화지역 판정	127
		발화개소 판정	133
		증거물 관리 및 검사	138
		발화원인 판정 및 피해평가	143

코드명 :
능력단위명 : 화재상황조사
능력단위 정의 : 이 능력단위는 화재현장출동 중 화재상황 파악, 화재현장 도착시 연소상황 파악, 피해상황 파악, 화재진화작업시 연소상황 파악, 진화작업 상황 기록, 현장보존 등을 수행하는 능력이다.

능력단위요소	수행준거
코드명a.1 화재현장출동 중 화재상황 파악하기	1.1 출동 도중에 화재의 진행·발전 상황을 관찰할 수 있다. 1.2 연소상황 파악을 위한 사진촬영, 녹화 등을 실시할 수 있다. 1.3 가연물질의 종류 및 특징에 대하여 설명할 수 있다. 1.4 폭발, 이상한 냄새 등의 이상 낌새와 현상 등을 관찰할 수 있다. 1.5 출동시의 유의사항에 대해서 인지할 수 있다.
	【지식】 o 사진촬영의 종류 　　　 o 연소상황의 종류 　　　 o 화재현장 사진촬영방법에 대한 이해 　　　 o 화재현상 관찰방법에 대한 이해 【기술】 o 화재현장 사진촬영 및 녹화 기술 　　　 o 화재 현상 관찰 기술 【태도】 o 창의적인 사고 　　　 o 문제해결 능력 　　　 o 분석적 사고
코드명a.2 화재현장 도착시 연소상황파악하기	2.1 화재시 연소상황을 관찰할 수 있다. 2.2 연기와 화염의 상황 및 특이사항에 대하여 파악할 수 있다. 2.3 연소의 범위, 진행방향, 확대속도 등의 특이사항에 대하여 설명할 수 있다.

화재감식평가

능력단위요소	수 행 준 거
	【지식】 o 연소상황의 종류 　　　　 o 화재현장 사진촬영 기술에 대한 이해 　　　　 o 연소상황 관찰방법에 대한 이해 【기술】 o 연소상황 관찰 기술 　　　　 o 탐문 기술 【태도】 o 창의적인 사고 　　　　 o 문제해결 능력 　　　　 o 분석적 사고
코드명a.3 피해 상황파악하기	3.1 피해 상황파악의 조사내용에 대하여 설명할 수 있다. 3.2 관계자의 확보요령에 대하여 설명할 수 있다. 3.3 관계자에 대한 질문요령 및 질문사항에 따라 탐문할 수 있다. 3.4 인명피해 상황을 파악할 수 있다.
	【지식】 o 관계자 확보 방법 및 진술 요령에 대한 이해 　　　　 o 탐문 방법에 대한 이해 【기술】 o 탐문 기술, 조사방향설정 기술 【태도】 o 창의적인 사고 　　　　 o 문제해결 능력 　　　　 o 분석적 사고
코드명a.4 화재진화작업시 연소상황 파악하기	4.1 연소의 범위, 진행방향, 확대속도 등의 특이사항에 대하여 설명할 수 있다. 4.2 화재진압상황(진화과정, 활동상황, 소방시설 등)에 대하여 설명할 수 있다. 4.3 인명 및 재산피해 상황 등의 정보를 수집할 수 있다. 4.4 피난상황 등의 정보를 수집할 수 있다.
	【지식】 o 소화활동 요령과 절차에 대한 이해 　　　　 o 소화활동 기술에 대한 이해

화재
상황
조사

능력단위요소	수 행 준 거
	ㅇ 연소상황에 대한 이해 【기술】 ㅇ 연소상황 파악기술 【태도】 ㅇ 창의적인 사고 　　　　　　ㅇ 문제해결 능력 　　　　　　ㅇ 분석적 사고
코드명a.5 진화작업상황 기록하기	5.1 신고 및 초기조치에 대한 상황을 파악할 수 있다. 5.2 화재진압 활동에 대한 상황을 파악할 수 있다. 5.3 인명구조 활동에 대한 상황을 파악할 수 있다. 5.4 화재상황에 대하여 설명할 수 있다. 5.5 피난방향에 대하여 설명할 수 있다. 5.6 화재발생종합보고서를 작성할 수 있다. 【지식】 ㅇ 초기조치 상황에 대한 이해 　　　　　ㅇ 화재진압 활동에 대한 이해 　　　　　ㅇ 인명구조 활동에 대한 이해 【기술】 ㅇ 진화작업상황 파악기술 【태도】 ㅇ 창의적인 사고 　　　　　ㅇ 문제해결 능력 　　　　　ㅇ 분석적 사고
코드명a.6 현장보존하기	6.1 진화작업시 현장을 보존할 수 있다. 6.2 출입금지구역 설정을 할 수 있다. 6.3 관련기관과 협조할 수 있다. 【지식】 ㅇ 화재조사 부처 및 부문의 종류와 협의 사항 　　　　　ㅇ 현장보존 방법에 대한 이해 【기술】 ㅇ 현장보존 기술 【태도】 ㅇ 창의적인 사고 　　　　　ㅇ 문제해결 능력 　　　　　ㅇ 분석적 사고

화재감식평가

◆ 작 업 상 황

고려사항

- 화재사실의 인지 또는 접수와 동시에 화재현장 출동 중 실시하여야할 조사활동을 이해하여야 한다.
- 연소확대 상태에 있는 상황을 관찰하기 위한 조사활동에 대하여 이해하여야 한다.
- 피해 상황을 관찰하기 위한 조사활동에 대하여 이해하여야 한다.
- 화재진화 작업시 연소확대 상태에 있는 상황을 관찰하기 위한 조사활동에 대하여 이해하여야 한다.
- 화재진압상황에서 기록해야할 내용에 대하여 이해하여야 한다.
- 진화 후 화재현장조사를 위하여 현장 보존하는 방법에 대하여 이해하여야 한다.

자료 및 관련서류

- 화재조사관계 법규
- 화재조사론
- 화재감식론
- 증거물관리 및 법과학
- 화재조사보고 및 피해평가
- 국내외의인터넷사이트나, 잡지자료

장비 및 도구(재료 포함)

- 광학카메라
- 디지털카메라
- 비디오카메라
- 거리측정기
- 이동용조명기구
- 비파괴촬영기
- 발전기
- 휴대용 컴퓨터
- 소방라인

화재감식평가

◆ 평 가 지 침

평가방법

- 평가자는 이 능력단위의 수행준거에 제시되어 있는 내용을 평가하기 위해 이론과 실기를 나누어 평가하거나 종합적인 결과물의 평가 등 다양한 평가 방법을 사용할 수 있다.
- 피 평가자의 과정평가로는 다음의 평가 방법을 권장한다.
  - 일상적인 면담
  - <u>관찰기록모음</u>
  - 학습 일지
  - 자기평가(구두 혹은 글)
  - <u>보고서</u>
  - 행동점검표
- 피 평가자의 결과물 평가로는 다음의 평가 방법을 권장한다.
  - 과제진술과 채점기준이 있는 프로젝트, 포트폴리오
  - <u>교육생의 시범/연구, 조사결과물</u>
  - <u>태도 점검표, 질문지</u>
  - 선다형시험 등

평가시 고려사항

- 평가자는 피 평가자가 수행준거 및 평가내용에 제시되어 있는 내용을 성공적으로 수행할 수 있는지를 평가해야 한다.
- 평가자는 다음사항을 평가해야 한다.
  - 사진촬영의 종류
  - 연소상황의 종류
  - 화재현장 사진촬영방법에 대한 이해
  - 화재현상 관찰방법에 대한 이해
  - 관계자 확보 방법 및 진술 요령에 대한 이해
  - 탐문 방법에 대한 이해
  - 소화활동 요령과 절차에 대한 이해
  - 소화활동 기술에 대한 이해
  - 연소상황에 대한 이해
  - 화재조사 부처 및 부문의 종류와 협의 사항
  - 현장보존 방법에 대한 이해

화재감식평가

코드명 :
능력단위명 : 예비조사
능력단위 정의 : 이 능력단위는 화재조사 전 준비, 현장조사 개시 전 확인, 현장보존 범위의 판정 및 조치, 방화대상물 현황조사, 조사계획 수립 등을 수행하는 능력이다.

능력단위요소	수 행 준 거
코드명b.1 화재조사 전 준비하기	1.1 조사인원구성 및 구성원 각각의 임무에 대하여 설명할 수 있다. 1.2 조사복장과 기자재에 대하여 준비할 수 있다. 1.3 적절한 감식기자재의 종류 및 사용용도에 대하여 설명할 수 있다. 1.4 현장안전장비에 대하여 설명할 수 있다. 【지식】 ○ 조사 조직의 종류 및 조사인원 구성원의 종류 ○ 조직별 조사인원구성 및 조사원 임무에 대한 이해 ○ 감식기자재의 종류 및 사용용도에 대한 이해 【기술】 ○ 감식기자재 사용기술 【태도】 ○ 창의적인 사고 ○ 문제해결 능력 ○ 분석적 사고
코드명b.2 현장조사 개시 전 확인하기	2.1 정보수집(화재상황, 진압상황, 관계자 진술 등) 내용에 대하여 분석할 수 있다. 2.2 방화의 개연성에 대하여 설명할 수 있다. 【지식】 ○ 정보수집 내용 파악 ○ 화재 관련 관계자에 대한 지식 ○ 정보를 통한 연소상황조사 방법에 대한 이해 ○ 방화의 개연성에 대한 정보의 이해 【기술】 ○ 연소상황 조사 방법 【태도】 ○ 창의적인 사고 ○ 문제해결 능력 ○ 분석적 사고

능력단위요소	수 행 준 거
코드명b.3 현장보존 범위의 판정 및 조치하기	3.1 현장보존 범위를 판정하는 방법에 대하여 설명할 수 있다. 3.2 화재 출동 시 관찰한 상황과 변화된 상황에 대하여 파악할 수 있다. 3.3 화재 현장조사 전에 현장보존 상태를 확인할 수 있다. 【지식】 ○ 현장보존 범위를 판정하는 방법의 이해 ○ 현장보존 상황 파악을 위한 사진촬영 방법의 이해 【기술】 ○ 화재현장 사진촬영 기술 【태도】 ○ 창의적인 사고 ○ 문제해결 능력 ○ 분석적 사고
코드명b.4 방화대상물 현황조사하기	4.1 방화대상물의 조사내용(용도·구조·규모·층수·건축 경과기간 등)에 대하여 설명할 수 있다. 4.2 소방용 설비 등의 설치·유지·관리상황에 대하여 파악할 수 있다. 4.3 방화구획·기타 방화시설의 상황에 대하여 파악할 수 있다. 4.4 대피시설과 대피설비의 상황에 대하여 파악할 수 있다. 4.5 위험물 관계시설 등의 상황에 대하여 파악할 수 있다. 4.6 방화관리의 상황에 대하여 파악할 수 있다. 4.7 사찰(査察) 경과기간과 그 때의 상황에 대하여 파악할 수 있다. 【지식】 ○ 방화대상물 조사에 필요한 사항 ○ 방화대상물의 특성에 대한 이해

화재감식평가

능력단위요소	수 행 준 거
	【기술】 ○ 방화대상물 조사 기술 【태도】 ○ 창의적인 사고 ○ 문제해결 능력 ○ 분석적 사고
코드명b.5 조사계획수립하기	5.1 화재현장의 특성에 따른 조사과정 및 유의사항에 대하여 설명할 수 있다. 5.2 조사의 범위, 방법, 책임자의 선정 및 임무분담에 대하여 설명할 수 있다. 5.3 조사에 필요한 협조사항(소방, 경찰, 전기, 가스, 제조회사 등)에 대하여 파악할 수 있다. 5.4 특정상황에 맞는 전문요원과 기술 자문관에 대하여 파악할 수 있다. 5.5 내부의 가구배치 등 입면도를 작성할 때 관계자 입회에 대하여 설명할 수 있다.
	【지식】 ○ 조사계획의 절차에 대한 이해 ○ 필요한 부가적 지원(인력, 장비)에 대한 파악 ○ 화재조사 관련 기자재의 이해 ○ 조사계획 수립을 위한 방법에 대한 이해 【기술】 ○ 화재조사 관련 기자재 사용기술 【태도】 ○ 창의적인 사고 ○ 문제해결 능력 ○ 분석적 사고

◆ 작 업 상 황

고려사항

• 화재현장조사를 위하여 조사실시 전에 화재출동 중에 조사된 내용을 분석하고 검토해서 현장 조사에 필요한 임무분담 및 기자재에 대하여 이해할 수 있다.

화재감식평가

Fire Investigation & Evaluation

- 본격적인 화재현장의 조사를 위한 조사계획을 세우기 위하여 대략적이며, 전체적인 연소상황을 조사하는 방법에 대하여 이해할 수 있다.
- 화재 현장 조사전 발화원인을 규명할 수 있는 구체적인 물적 증거 등의 유실·손상 등의 발생을 막기 위하여 현장보존 범위의 판정 및 조치 방법에 대하여 이해할 수 있다.
- 출화한 방화대상물에 대한 방화관계 자료를 기초로 방화대상물의 조사를 하는 방법에 대하여 이해할 수 있다.
- 효과적이며, 정확한 화재현장 조사를 위하여 전체적인 연소상황의 조사 및 조사범위를 축소한 후에 구체적인 조사계획을 수립할 수 있다.

자료 및 관련서류

- 화재조사관계 법규
- 화재조사론
- 화재감식론
- 증거물관리 및 법과학
- 화재조사보고 및 피해평가
- 국내외의 인터넷 사이트나, 잡지자료

장비 및 도구(재료 포함)

- 누설전류계
- 가스측정기
- 탄화심도측정기
- 광학카메라
- 디지털카메라
- 비디오카메라
- 소방대상물 시설자료(도면/서류 등)

◆ 평 가 지 침

평가방법

- 평가자는 이 능력단위의 수행준거에 제시되어 있는 내용을 평가하기 위해 이론과 실기를 나누어 평가하거나 종합적인 결과물의 평가 등 다양한 평가 방법을 사용할

예비조사

화재감식평가

수 있다.
- 피 평가자의 과정평가로는 다음의 평가 방법을 권장한다.
  - 일상적인 면담
  - **관찰기록모음**
  - 학습 일지
  - 자기평가(구두 혹은 글)
  - **보고서**
  - 행동점검표
- 피 평가자의 결과물 평가로는 다음의 평가 방법을 권장한다.
  - 과제진술과 채점기준이 있는 프로젝트, 포트폴리오
  - **교육생의 시범/연구, 조사결과물**
  - **태도 점검표, 질문지**
  - 선다형시험 등

평가시 고려사항

- 평가자는 피 평가자가 수행준거 및 평가내용에 제시되어 있는 내용을 성공적으로 수행할 수 있는지를 평가해야 한다.
- 평가자는 다음사항을 평가해야 한다.
  - 조사 조직의 종류 및 조사인원 구성원의 종류
  - 조직별 조사인원구성 및 조사원 임무에 대한 이해
  - 감식기자재의 종류 및 사용용도에 대한 이해
  - 정보수집 내용 파악
  - 화재 관련 관계자에 대한 지식
  - 정보를 통한 연소상황조사 방법에 대한 이해
  - 방화의 개연성에 대한 정보의 이해
  - 현장보존 범위를 판정하는 방법의 이해
  - 현장보존 상황 파악을 위한 사진촬영 방법의 이해
  - 방화대상물 조사에 필요한 사항
  - 방화대상물의 특성에 대한 이해
  - 조사계획의 절차에 대한 이해
  - 필요한 부가적 지원(인력, 장비)에 대한 파악
  - 화재조사 관련 기자재의 이해
  - 조사계획 수립을 위한 방법에 대한 이해

코드명 :
능력단위명 : 발화지역 판정
능력단위 정의 : 이 능력단위는 수집한 정보의 분석 및 보증, 발굴전 초기관찰 기록, 발화형태·구체적인 연소의 확대형태 식별 및 해석, 전기적인 특이점 및 기타 특이사항의 식별 및 해석, 발화지역 판정 등을 수행하는 능력이다.

능력단위요소	수 행 준 거
코드명c.1 수집한 정보의 분석 및 보증하기	1.1 수집된 화재상황에 대한 정보를 분석 및 보증할 수 있다. 1.2 수집된 진압상황에 대한 정보를 분석 및 보증할 수 있다. 1.3 관계자 진술의 내용에 대하여 분석할 수 있다. 1.4 방화의 개연성에 대하여 분석할 수 있다. 1.5 목격자 진술, 신고자 진술이 내용과 관계자 진술의 내용을 비교분석할 수 있다. 【지식】 ○ 정보수집 내용 파악 　　　　○ 화재 관련 관계자에 대한 지식 　　　　○ 정보를 통한 연소상황조사 방법에 대한 이해 　　　　○ 방화의 개연성에 대한 정보의 이해 【기술】 ○ 화재조사 관련 기자재 사용기술 【태도】 ○ 창의적인 사고 　　　　○ 문제해결 능력 　　　　○ 분석적 사고
코드명c.2 발굴전 초기관찰기록하기	2.1 화재조사 진행상황에 맞는 상황기록을 할 수 있다. 2.2 초기관찰의 기록을 위한 도면 작성방법에 대하여 설명할 수 있다. 2.3 발굴 전 초기상황 기록을 위한 사진촬영 방법에 대하여 설명할 수 있다.

화재감식평가

능력단위요소	수행준거
	【지식】 ○ 초기관찰 기록 방법에 대한 이해 ○ 발굴전 초기관찰의 현장사진의 촬영요령에 대한 이해 ○ 발굴전 초기관찰시 도면작성 요령에 대한 이해 【기술】 ○ 사진촬영 기술 ○ 도면작성 기술 【태도】 ○ 창의적인 사고 ○ 문제해결 능력 ○ 분석적 사고
코드명c.3 발화형태, 구체적인 연소의 확대형태 식별 및 해석하기	3.1 화재 패턴분석 방법에 대하여 설명할 수 있다. 3.2 열 및 화염 벡터 분석방법에 대하여 설명할 수 있다. 3.3 탄화심도 분석방법에 대하여 설명할 수 있다. 3.4 하소심도 측정방법에 대하여 설명할 수 있다. 3.5 아크 조사 또는 아크 매핑방법에 대하여 설명할 수 있다. 3.6 위험물과 특이가연물에 대하여 설명할 수 있다. 3.7 건물·구조물·기계·기구의 배치도 및 연소정도의 등치선도를 작성하는 방법에 대하여 설명할 수 있다. 3.8 연소의 확대 형태(방향)를 작도할 수 있다.
	【지식】 ○ 화재패턴의 종류 ○ 위험물과 특이 가연물의 종류 및 형태 ○ 화재패턴 생성 메커니즘의 이해 ○ 화재패턴의 종류별 연소형태의 이해 ○ 위험물과 특이 가연물의 연소에 대한 이해 【기술】 ○ 배치도 및 연소정도의 등치선도 작성 기술 ○ 연소의 확대형태 작도 기술 【태도】 ○ 창의적인 사고 ○ 문제해결 능력 ○ 분석적 사고

발화지역판정

능력단위요소	수행준거
코드명c.4 전기적인 특이점 및 기타 특이사항의 식별 및 해석하기	4.1 방화대상물의 전기·가스·기타설비에 대하여 설명할 수 있다. 4.2 전기 배선, 배선기구의 전기적 특이점에 대하여 설명할 수 있다. 4.3 전기 기계·기구의 연소특성에 대하여 설명할 수 있다. 4.4 가스설비 부분의 특이점에 대하여 설명할 수 있다. 4.5 전기·가스설비의 연소상황 설명을 위한 계통도를 작도할 수 있다. 【지식】 ○ 전기·가스·기타설비의 종류 ○ 전기·가스·기타설비의 종류 및 연소특징에 대한 이해 【기술】 ○ 전기계통도 작도 기술 ○ 가스계통도 작도 기술 【태도】 ○ 창의적인 사고 ○ 문제해결 능력 ○ 분석적 사고
코드명c.5 발화지역 판정하기	5.1 진압팀·관계자로부터 수집한 정보의 분석을 통하여 발화지역을 판정할 수 있다. 5.2 발화요인, 발화관련기기 등 현장의 탄화잔류물이나 보관유무를 파악할 수 있다. 5.3 발화형태, 구체적인 연소의 확대 형태 식별 및 해석을 통하여 발화지역을 판정할 수 있다. 5.4 전기적인 특이점 및 기타 특이 사항의 식별 및 해석을 통하여 발화지역을 판정할 수 있다. 5.5 기타 부분을 발화지점으로부터 배제하는 방법에 대하여 설명할 수 있다.

화재감식평가

능력단위요소	수 행 준 거
	5.6 발화지역 판정을 통하여 발굴을 위한 현장보존 범위를 판정할 수 있다.
	5.7 수사 필요성의 유무를 판정할 수 있다.
	【지식】 ○ 발화지역 판정을 위한 정보의 내용 ○ 발화지역 판정을 위한 정보분석 방법에 대한 이해 【기술】 ○ 발화지역 판정 방법 【태도】 ○ 창의적인 사고 ○ 문제해결 능력 ○ 분석적 사고

◆ **작 업 상 황**

고려사항

- 본격적인 화재현장의 조사를 위하여 수집된 정보를 통하여 대략적이며, 전체적인 연소상황을 분석하는 방법에 대하여 이해할 수 있다.
- 화재현장의 조사가 진행함에 따라 현장상황이 변화하는 것을 정확히 기록할 수 있다.
- 화재패턴 분석을 통하여 화재확산을 추적하고, 발화지역에 대한 확인 및 화재에 관련된 연소를 파악할 수 있다.
- 연소상황을 파악과 객관적인 물적 증거 활용을 위하여 전기적인 특이점 및 기타 특이 사항을 식별하고 해석할 수 있다.
- 연소상황 파악과 객관적인 물적 증거 활용을 위하여 전기적인 특이점 및 기타 특이 사항을 식별하고 해석할 수 있다.

자료 및 관련서류

- 화재조사관계 법규
- 화재조사론
- 화재감식론
- 증거물관리 및 법과학
- 화재조사보고 및 피해평가

- 국내외의인터넷사이트나, 잡지자료

장비 및 도구(재료 포함)

- 광학카메라
- 디지털카메라
- 비디오카메라
- 거리측정기
- 누설전류계
- 가스측정기
- 탄화심도측정기

◆ 평 가 지 침

평가방법

- 평가자는 이 능력단위의 수행준거에 제시되어 있는 내용을 평가하기 위해 이론과 실기를 나누어 평가하거나 종합적인 결과물의 평가 등 다양한 평가 방법을 사용할 수 있다.
- 피 평가자의 과정평가로는 다음의 평가 방법을 권장한다.
  - 일상적인 면담
  - <u>관찰기록모음</u>
  - 학습 일지
  - 자기평가(구두 혹은 글)
  - <u>보고서</u>
  - 행동점검표
- 피 평가자의 결과물 평가로는 다음의 평가 방법을 권장한다.
  - 과제진술과 채점기준이 있는 프로젝트, 포트폴리오
  - <u>교육생의 시범/연구, 조사결과물</u>
  - <u>태도 점검표, 질문지</u>
  - 선다형시험 등

평가시 고려사항

- 평가자는 피 평가자가 수행준거 및 평가내용에 제시되어 있는 내용을 성공적으로

화재감식평가

수행할 수 있는지를 평가해야 한다.
- 평가자는 다음사항을 평가해야 한다.
  - 정보수집 내용 파악
  - 화재 관련 관계자에 대한 지식
  - 정보를 통한 연소상황조사 방법에 대한 이해
  - 방화의 개연성에 대한 정보의 이해
  - 초기관찰 기록 방법에 대한 이해
  - 발굴전 초기관찰의 현장사진의 촬영요령에 대한 이해
  - 발굴전 초기관찰시 도면작성 요령에 대한 이해
  - 화재패턴의 종류
  - 위험물과 특이 가연물의 종류 및 형태
  - 화재패턴 생성 메커니즘의 이해
  - 화재패턴의 종류별 연소형태의 이해
  - 위험물과 특이 가연물의 연소에 대한 이해
  - 전기·가스·기타설비의 종류
  - 전기·가스·기타설비의 종류 및 연소특징에 대한 이해
  - 발화지역 판정을 위한 정보의 내용
  - 발화지역 판정을 위한 정보분석 방법에 대한 이해

코드명 :
능력 단위 명 : 발화개소 판정
능력단위 정의 : 이 능력단위는 현장발굴 및 복원조사, 발화관련 개체 조사, 발화개소 판정 등을 수행하는 능력이다.

능력단위요소	수 행 준 거
코드명 d.1 현장발굴 및 복원조사하기	1.1 발굴 및 복원조사 전체 과정의 단계별 사진촬영 방법에 대하여 설명할 수 있다. 1.2 발굴 및 복원 조사의 절차 및 요령에 대하여 설명할 수 있다. 1.3 발굴과정에서 식별되는 모든 개체에 대하여 연소형태 및 연소의 순서 등의 상황을 설명할 수 있다. 1.4 발굴과정에서 특이점이나 특이사항에 대하여 설명할 수 있다. 1.5 발굴완료 시, 연소상황의 설명이 필요한 부분의 복원 방법에 대하여 설명할 수 있다. 1.6 발굴시 조사관의 의식 및 유의사항에 대하여 설명할 수 있다.
	【지식】 ㅇ 발굴 조사의 절차 　　　　 ㅇ 발굴 및 복원조사 단계별 사진촬영 방법의 이해 【기술】 ㅇ 사진촬영기술 　　　　 ㅇ 현장 발굴 및 조사 기술 【태도】 ㅇ 창의적인 사고 　　　　 ㅇ 문제해결 능력 　　　　 ㅇ 분석적 사고
	2.1 전기설비 및 개체에 대한 조사 방법을 설명할 수 있다. 2.2 가스설비에 대한 조사 방법을 설명할 수 있다.

화재감식평가

능력단위요소	수 행 준 거
코드명 d.2 발화관련 개체 조사하기	2.3 미소 화종, 고온 물체 등에 대한 조사 방법을 설명할 수 있다. 2.4 화학물질 및 설비에 대한 화재·폭발조사 방법을 설명할 수 있다. 2.5 방화화재에 대한 조사 방법을 설명할 수 있다. 2.6 차량화재에 대한 조사 방법을 설명할 수 있다. 2.7 임야화재에 대한 조사 방법을 설명할 수 있다. 2.8 선박·항공기 화재에 대한 조사 방법을 설명할 수 있다. 2.9 발화열원, 발화요인, 최초 착화물에 대한 조사 방법에 대하여 설명할 수 있다. 2.10 발화주변의 가연물의 형태, 위치이동, 패턴 등을 설명할 수 있다.
	【지식】 ㅇ 발화관련 개체 조사 방법의 종류 ㅇ 전기설비 및 개체에 대한 조사 방법에 대한 이해 ㅇ 가스 및 기타화재(화학, 방화, 차량, 임야, 선박·항공기 등)에 대한 조사에 대한 이해 ㅇ 미소 화종, 고온 물체 등에 대한 조사 방법에 대한 이해 ㅇ 발화열원, 발화요인, 최초 착화물에 대한 조사 방법에 대한 이해 【기술】 ㅇ 발화관련 정밀조사 기술 【태도】 ㅇ 창의적인 사고 ㅇ 문제해결 능력 ㅇ 분석적 사고

능력단위요소	수 행 준 거
코드명d.3 발화개소 판정하기	3.1 발굴 및 복원을 통하여 수집한 정보의 정밀 분석방법에 대하여 설명할 수 있다. 3.2 기타 부분을 발화개소로부터 배제하는 방법을 설명할 수 있다. 3.3 발화개소 부분에서 발화와 관련된 개체 및 특이점의 존재 여부 등을 설명할 수 있다.
	【지식】 ○ 발화개소 판정을 위한 정보의 내용 ○ 발화개소 판정을 위한 정보분석 방법에 대한 이해 【기술】 ○ 발화개소 판정 능력 【태도】 ○ 창의적인 사고 ○ 문제해결 능력 ○ 분석적 사고

◆ 작업상황

고려사항

- 발화원인과의 관련성, 연소상황과의 관련성 등에 대하여 객관적이고 구체적이며, 정확한 해석을 위하여 화재현장의 발굴 및 복원 조사를 실시하여 연소형태 및 연소 순서 등 상황에 대하여 판단하여야 한다.
- 발굴 및 복원 조사과정에서 발화원인과 관련이 있는 모든 개체에 대하여 과학적인 의미를 부여하고 발화관련 개체에 대한 정밀조사를 하여야 한다.
- 발굴 및 복원을 통한 분석 내용을 토대로 발화개소를 판정하여야 한다.

자료 및 관련서류

- 화재조사관계 법규
- 화재조사론
- 화재감식론
- 증거물관리 및 법과학

화재감식평가

- 화재조사보고 및 피해평가
- 국내외의인터넷사이트나, 잡지자료

장비 및 도구(재료 포함)

- 누설전류계
- 가스측정기
- 탄화심도측정기

◆ 평 가 지 침

평가방법

- 평가자는 이 능력단위의 수행준거에 제시되어 있는 내용을 평가하기 위해 이론과 실기를 나누어 평가하거나 종합적인 결과물의 평가 등 다양한 평가 방법을 사용할 수 있다.
- 피 평가자의 과정평가로는 다음의 평가 방법을 권장한다.
  - 일상적인 면담
  - **관찰기록모음**
  - 학습 일지
  - 자기평가(구두 혹은 글)
  - **보고서**
  - 행동점검표
- 피 평가자의 결과물 평가로는 다음의 평가 방법을 권장한다.
  - 과제진술과 채점기준이 있는 프로젝트, 포트폴리오
  - **교육생의 시범/연구, 조사결과물**
  - **태도 점검표, 질문지**
  - 선다형시험 등

평가시 고려사항

- 평가자는 피 평가자가 수행준거 및 평가내용에 제시되어 있는 내용을 성공적으로 수행할 수 있는지를 평가해야 한다.
- 평가자는 다음사항을 평가해야 한다.
  - 발굴 조사의 절차

- 발굴 및 복원조사 단계별 사진촬영 방법의 이해
- 발화관련 개체 조사 방법의 종류
- 전기설비 및 개체에 대한 조사 방법에 대한 이해
- 가스 및 기타화재(화학, 방화, 차량, 임야, 선박·항공기 등)에 대한 조사에 대한 이해
- 미소 화종, 고온 물체 등에 대한 조사 방법에 대한 이해
- 발화열원, 발화요인, 최초 착화물에 대한 조사 방법에 대한 이해
- 발화개소 판정을 위한 정보의 내용
- 발화개소 판정을 위한 정보분석 방법에 대한 이해

화재감식평가

코드명 :

능력단위명 : 증거물 관리 및 검사

능력단위 정의 : 이 능력단위는 증거물 수집, 운송, 저장 및 보관, 증거물의 법적증거능력 확보 및 유지, 증거물 외관검사, 증거물 정밀검사, 화재 재현실험, 규격시험 등을 수행하는 능력이다.

능력단위요소	수 행 준 거
코드명e.1 증거물 수집, 운송, 저장 및 보관하기	1.1 화재현장에서 증거물로 수집하는 개체에 대하여 설명할 수 있다. 1.2 증거물 수집 방법에 대하여 설명할 수 있다. 1.3 증거물의 사진촬영 방법에 대하여 설명할 수 있다. 1.4 증거물 수집 용기의 종류 및 용도에 대하여 설명할 수 있다. 1.5 증거물의 운송, 저장 및 보관 방법에 대하여 설명할 수 있다.
	【지식】 ○ 증거물로 수집하는 개체의 종류 ○ 증거물 수집 용기의 종류 ○ 증거물 수집 방법 및 용기에 대한 이해 ○ 증거물 운송 및 저장방법에 대한 이해 【기술】 ○ 증거물 운송, 저장 및 보관 기술 【태도】 ○ 창의적인 사고 ○ 문제해결 능력 ○ 분석적 사고
코드명e.2 증거물의 법적증거 확보 및 유지하기	2.1 증거물의 수집, 보존, 이동의 전체 과정에 대하여 문서화하는 방법에 대하여 설명할 수 있다.(Chain of Custody Document) 2.2 증거물의 정밀검사 방법에 대하여 설명할 수 있다.

능력단위요소	수 행 준 거
	【지식】 ○ 증거물의 수집, 보존, 이동과정은 권한이 부여된 자 ○ 증거물 수집, 보존, 이동에 관한 절차 ○ 증거물의 수집, 보존, 이동의 전체 과정에 대한 문서화 방법의 이해 ○ 증거물의 정밀검사 방법에 대한 이해 【기술】 ○ 증거물의 법적증거 확보 능력 【태도】 ○ 창의적인 사고 ○ 문제해결 능력 ○ 분석적 사고
코드명 e.3 증거물 외관검사하기	3.1 증거물의 전체적, 구체적인 연소형태를 설명할 수 있다. 3.2 증거물 자체의 연소 또는 외측으로부터의 연소형태를 설명할 수 있다. 3.3 증거물 연소의 중심부, 연소의 확대형태를 설명할 수 있다. 3.4 증거물의 구조, 원리 특성을 설명할 수 있다. 3.5 증거물의 불법개조 또는 오용여부를 설명할 수 있다. 3.6 증거물의 고장, 수리, 교체 등 유무의 검사 및 이에 대한 해석방법을 설명할 수 있다.
	【지식】 ○ 증거물 외관검사 종류 ○ 증거물 외관검사 방법에 대한 이해 【기술】 ○ 증거물 흔적 식별 능력 【태도】 ○ 창의적인 사고 ○ 문제해결 능력 ○ 분석적 사고
	4.1 증거물의 비파괴검사 방법에 대하여 설명할 수 있다. 4.2 증거물의 분해검사 방법에 대하여 설명할 수 있다.

화재감식평가

능력단위요소	수행준거
코드명e.4 증거물 정밀검사하기	4.3 증거물의 전기적인 특이점 및 기타 부분에 대한 정밀검사 방법에 대하여 설명할 수 있다. 4.4 증거물에 발화원인과 관련지을 만한 특이점이 식별되는지 여부의 검사 및 해석방법을 설명할 수 있다. 【지식】 ○ 증거물 외관검사 종류 ○ 증거물 비파괴검사 방법에 대한 이해 ○ 증거물 분해검사 방법에 대한 이해 【기술】 ○ 비파괴검사 기술 ○ 분해검사 기술 【태도】 ○ 창의적인 사고 ○ 문제해결 능력 ○ 분석적 사고
코드명e.5 화재 재현실험, 규격시험 하기	5.1 재현실험의 가능한 상태 여부를 파악하는 방법에 대하여 설명할 수 있다. 5.2 시험의뢰를 실시하는 경우에 대하여 설명할 수 있다. 【지식】 ○ 증거물 재현실험 및 규격시험의 종류 ○ 증거물 재현실험 방법에 대한 이해 ○ 증거물 규격시험 방법에 대한 이해 【기술】 ○ 재현시험 기술 【태도】 ○ 창의적인 사고 ○ 문제해결 능력 ○ 분석적 사고

◆ 작 업 상 황

고려사항

- 정밀조사의 필요성이 있는 개체를 수거하고, 보존할 수 있다.
- 화재현장에서 수집한 증거물의 법적증거능력 확보 및 유지를 할 수 있다.
- 증거물의 외관검사 과정에 증거물에 남아있는 모든 흔적을 식별하고 해석할 수 있다.

- 비파괴검사와 분해검사 등 증거물의 정밀검사를 통하여 증거능력의 확보, 유지 및 보존을 할 수 있다.
- 화재원인의 판정을 위한 재현실험과 규격시험을 실시할 수 있다.

자료 및 관련서류

- 화재조사관계 법규
- 화재조사론
- 화재감식론
- 증거물관리 및 법과학
- 화재조사보고 및 피해평가
- 국내외의인터넷사이트나, 잡지자료

장비 및 도구(재료 포함)

- 광학카메라
- 디지털카메라
- 비디오카메라
- 증거물 수집함

◆ 평 가 지 침

평가방법

- 평가자는 이 능력단위의 수행준거에 제시되어 있는 내용을 평가하기 위해 이론과 실기를 나누어 평가하거나 종합적인 결과물의 평가 등 다양한 평가 방법을 사용할 수 있다.
- 피 평가자의 과정평가로는 다음의 평가 방법을 권장한다.
  - 일상적인 면담
  - <u>관찰기록모음</u>
  - 학습 일지
  - 자기평가(구두 혹은 글)
  - <u>보고서</u>
  - 행동점검표
- 피 평가자의 결과물 평가로는 다음의 평가 방법을 권장한다.

화재감식평가

- 과제진술과 채점기준이 있는 프로젝트, 포트폴리오
- **교육생의 시범/연구, 조사결과물**
- **태도 점검표, 질문지**
- 선다형시험 등

평가시 고려사항

- 평가자는 피 평가자가 수행준거 및 평가내용에 제시되어 있는 내용을 성공적으로 수행할 수 있는지를 평가해야 한다.
- 평가자는 다음사항을 평가해야 한다.
  - 증거물로 수집하는 개체의 종류
  - 증거물 수집 용기의 종류
  - 증거물 수집 방법 및 용기에 대한 이해
  - 증거물 운송 및 저장방법에 대한 이해
  - 증거물 수집, 보존, 이동에 관한 절차
  - 증거물의 수집, 보존, 이동의 전체 과정에 대한 문서화 방법의 이해
  - 증거물의 정밀검사 방법에 대한 이해
  - 증거물 외관검사 종류
  - 증거물 외관검사 방법에 대한 이해
  - 증거물 비파괴검사 방법에 대한 이해

코드명 :
능력단위명 : 발화원인 판정 및 피해평가
능력단위 정의 : 이 능력단위는 발화원인 판정, 기타원인의 확인과 판정, 법적증거능력 확보 및 유지, 화재피해평가, 증언 및 브리핑 자료작성 등을 수행하는 능력이다.

능력단위요소	수행준거
코드명f.1 발화원인 판정하기	1.1 화재현장 조사 및 증거물 검사 과정 등의 분석 자료를 설명할 수 있다. 1.2 기타 발화원인을 배제하는 방법에 대하여 설명할 수 있다. 1.3 증거능력의 정도에 따라 발화원인을 판정방법에 대하여 설명할 수 있다. 1.4 발화원인 판정검토시 유의사항에 대하여 설명할 수 있다.
	【지식】 ○ 발화원인 판정을 위한 필요한 자료에 대한 파악 ○ 발화원인 확보를 위한 증거능력에 대한 이해 【기술】 ○ 발화원인 판정 능력 【태도】 ○ 창의적인 사고 ○ 문제해결 능력 ○ 분석적 사고
코드명f.2 기타원인의 확인과 판정하기	2.1 확대연소상황에 대하여 설명할 수 있다. 2.2 피난상황(피난경로, 피난인원, 피난방법)에 대하여 설명할 수 있다. 2.3 소방용 설비 등의 사용과 작동상황에 대하여 설명할 수 있다.
	【지식】 ○ 기타 원인 판정을 해야 할 사항에 대한 파악 ○ 기타원인의 확인과 판정 방법에 대한 이해 【기술】 ○ 발화원인 판정 능력

화재감식평가

능력단위요소	수 행 준 거
	【태도】 ○ 창의적인 사고 ○ 문제해결 능력 ○ 분석적 사고
코드명f.3 법적증거능력 확보 및 유지하기	3.1 소방기본법 및 시행령, 시행규칙에 대하여 설명할 수 있다. 3.2 화재조사 및 보고규정, 증거물 수집관리에 관한 규칙에 대하여 설명할 수 있다. 3.3 기타 법률(형법, 민법, 실화책임에 관한법률, 제조물책임법 등)에 대하여 설명할 수 있다.
	【지식】 ○ 소방기본법 및 시행령, 시행규칙에 대한 이해 ○ 기타 법률(형법, 민법, 실화책임에 관한 법률, 제조물책임법 등)에 대한 이해 ○ 화재조사, 보고규정 및 증거물 수집관리에 관한 규칙 【기술】 ○ 법적증거 확보 능력 【태도】 ○ 창의적인 사고 ○ 문제해결 능력 ○ 분석적 사고
코드명f.4 화재피해평가하기	4.1 화재피해액 산정규정에 대하여 설명할 수 있다. 4.2 대상별 피해액 산정기준에 대하여 설명할 수 있다. 4.3 화재피해액 산정 매뉴얼에 대하여 설명할 수 있다.
	【지식】 ○ 피해액산정 대상, 방법, 관련용어, 유의사항에 대한 이해 ○ 건물, 기계장치, 공구 및 기구, 집기비품, 가재도구의 피해액 산정 ○ 차량 및 운반구, 재고자산(상품 등), 예술품 및 귀중품, 동식물의 피해액 선정에 대한 이해 【기술】 ○ 화재피해액 산정법 【태도】 ○ 창의적인 사고 ○ 문제해결 능력 ○ 분석적 사고

화재감식평가

능력단위요소	수 행 준 거
코드명f.5 증언 및 브리핑 자료 작성하기	5.1 화재조사서류의 구성 및 양식에 대하여 설명할 수 있다. 5.2 화재조사서류 작성시 유의사항에 대하여 설명할 수 있다. 5.3 화재발생종합보고서를 작성하는 방법에 대하여 설명할 수 있다. 5.4 화재현장조사서를 작성하는 방법에 대하여 설명할 수 있다. 5.5 기타 서류(화재현장 출동보고서, 질문기록서, 재산피해신고서 등)을 작성하는 방법에 대하여 설명할 수 있다.
	【지식】 ○ 화재유형별조사서, 화재피해조사서 등의 작성방법에 대한 이해 ○ 방화조사서, 방화의심조사서, 소방방화시설 활용조사서, 화재현장조사서 등의 작성방법에 대한 이해 【기술】 ○ 서류작성 방법, 사후조사 방법 【태도】 ○ 창의적인 사고 ○ 문제해결 능력 ○ 분석적 사고

◆ 작 업 상 황

고려사항

- 화재현장 조사 및 증거물 검사 과정 분석 등을 통하여 발화원인을 판정하여야 한다.
- 발화원인 외 기타원인의 확인과 판정을 하여야 한다.
- 법률적 고려를 통하여 법규를 이해하고, 법적증거능력을 확보, 유지하여야 한다.
- 화재피해액 산정법 및 산정기준을 통하여 적절한 화재피해평가를 실시하는 방법에

화재감식평가

대하여 이해하여야 한다.
- 적합한 화재조사 서류(증언 및 브리핑 자료 등)작성 방법에 대하여 이해하여야 한다.

자료 및 관련서류

- 화재조사관계 법규
- 화재조사론
- 화재감식론
- 증거물관리 및 법과학
- 화재조사보고 및 피해평가
- 국내외의인터넷사이트나, 잡지자료

장비 및 도구(재료 포함)

- 광학카메라
- 디지털카메라
- 비디오카메라
- 소방대상물 시설자료(도면/서류 등)

◆ 평 가 지 침

평가방법

- 평가자는 이 능력단위의 수행준거에 제시되어 있는 내용을 평가하기 위해 이론과 실기를 나누어 평가하거나 종합적인 결과물의 평가 등 다양한 평가 방법을 사용할 수 있다.
- 피 평가자의 과정평가로는 다음의 평가 방법을 권장한다.
  - 일상적인 면담
  - **관찰기록모음**
  - 학습 일지
  - 자기평가(구두 혹은 글)
  - **보고서**
  - 행동점검표
- 피 평가자의 결과물 평가로는 다음의 평가 방법을 권장한다.
  - 과제진술과 채점기준이 있는 프로젝트, 포트폴리오

- 교육생의 시범/연구, 조사결과물
- 태도 점검표, 질문지
- 선다형시험 등

평가시 고려사항

- 평가자는 피 평가자가 수행준거 및 평가내용에 제시되어 있는 내용을 성공적으로 수행할 수 있는지를 평가해야 한다.
- 평가자는 다음사항을 평가해야 한다.
  - 발화원인 판정을 위한 필요한 자료에 대한 파악
  - 발화원인 확보를 위한 증거능력에 대한 이해
  - 기타 원인 판정을 해야 할 사항에 대한 파악
  - 기타원인의 확인과 판정 방법에 대한 이해
  - 실화책임에 관한 법률 및 제조물책임법에 대한 이해
  - 기타 법률(소방기본법, 형법, 민법 등)에 대한 이해
  - 피해액산정 대상, 방법, 관련용어, 유의사항에 대한 이해
  - 건물, 기계장치, 공구 및 기구, 집기비품, 가재도구의 피해액 산정
  - 차량 및 운반구, 재고자산(상품 등), 예술품 및 귀중품, 동식물의 피해액 선정에 대한 이해
  - 화재유형별조사서, 화재피해조사서 등의 작성방법에 대한 이해
  - 방화조사서, 방화의심조사서, 소방방화시설 활용조사서, 화재현장조사서 등의 작성방법에 대한 이해

화재감식평가

<부 록>

■ 화재감식평가 직무구조도

책무 (Duty)	작업 (Task)			
A 화재상황조사	A-1 화재현장출동 중 화재상황 파악하기	A-2 화재현장 도착시 연소상황파악하기	A-3 피해 상황파악 하기	A-4 화재진화작업시 연소상황파악하기
	A-5 진화작업상황기 록하기	A-6 현장보존하기		
B 예비조사	B-1 화재조사 전 준비하기	B-2 현장조사 개시 전 확인하기	B-3 현장보존 범위의 판정 및 조치하기	B-4 방화대상물 현황조사하기
	B-5 조사계획수립하 기	B-7	B-8	B-9
C 발화지역 판정	C-1 수집한 정보의 분석 및 보증하기	C-2 발굴전 초기관찰 기록하기	C-3 발화형태, 구체 적인 연소의 확 대형태 식별 및 해석하기	C-4 전기적인 특이점 및 기타 특이사 황의 식별 및 해 석하기
	C-5 발화지역 판정하기			
D 발화개소 판정	D-1 현장발굴 및 복원조사하기	D-2 발화관련 개체 조사하기	D-3 발화개소 판정하기	
E 증거물 관리 및 검사	E-1 증거물 수집, 운송, 저장 및 보관하기	E-2 증거물의 법적증 거능력 확보 및 유지하기	E-3 증거물 외관검사하기	E-4 증거물 정밀검사하기
	E-5 화재 재현실험, 규격시험하기			
F 발화원인 판정 및 피해평가	F-1 발화원인 판정하기	F-2 기타원인의 확인과 판정하기	F-3 법적증거능력 확보 및 유지	F-4 화재피해평가하기
	F-5 증언 및 브리핑 자료작성하기			